Mit dem KINDERWAGEN durch die PFALZ

34 babyfreundliche Wanderungen

Christina Fuchs-Risch
Philipp Fuchs

Mit dem KINDERWAGEN durch die PFALZ

34 babyfreundliche Wanderungen

Pfälzische
Verlagsanstalt
GmbH

Unser besonderer Dank gilt

unseren Eltern
Katharina und Andreas
Sabine und Markus mit Niklas und Yanis
Ludwina und Hermann Risch
Laila und Johannes mit Maximilian, Franziska und Emil
Vera

Christina Fuchs-Risch ist Realschullehrerin für Englisch und Deutsch und teilt mit ihrem Mann Philipp Fuchs (Zollbeamter) die Liebe zum Pfälzerwald und der Südlichen Weinstraße. Die Fami-

AUTOREN

lie lebt mitten im Naturpark Pfälzerwald und will mit diesem Buch mehr junge Familien motivieren, dem Nachwuchs so früh wie möglich die Natur nahe zu bringen und ihn für das Wandern zu begeistern. Durch die Geburt ihrer Tochter Sophia Marie im Jahr 2010 entstand die Idee zu diesem Buch.
Weitere Wanderungen unternahm die Familie auch mit Sohn Jakob, die sie nun in der Neuauflage mit den Lesern teilen möchte.

INHALT

SEITE

SEITE

VORWORT

Bevor unsere Kinder Sophia und Jakob zur Welt kamen, waren wir sehr oft im Pfälzerwald und an der Südlichen Weinstraße zu Fuß unterwegs. Wir planten immer schöne Tagestouren, die ca. drei bis vier Stunden in Anspruch nahmen. Als junge Familie wollten wir unser Hobby natürlich nicht aufgeben. Allerdings war dies schwierig, denn wir wussten nicht, welche Strecken wir mit unserem Kinderwagen bewältigen können und welche nicht.
Oft mussten wir sehr lange recherchieren, ob es entsprechende Fachliteratur zu diesem Thema gibt, denn für Eltern stellen sich folgende Fragen:

- Ist die Tour kinderwagentauglich?
- Gibt es eine Einkehrmöglichkeit, um den Nachwuchs zu wickeln oder um etwas zu essen?
- Wie sind die Zeitabstände von Hütte zu Hütte?

Aus diesen Problemen heraus entstand die Idee für dieses Buch. Es soll eine Hilfe für Eltern sein, die genauso gerne wandern wie wir und Tourenvorschläge aufzeigen, die mit einem Kinderwagen machbar sind. Unsere Intention war es, Rundwanderwege zu finden, um die geplante Wanderung abwechslungsreich zu gestalten. Natürlich müssen bei diesen Überlegungen die Bedürfnisse des eigenen Kindes in Betracht gezogen werden und ob die geplante Tour diesen gerecht wird. Hier sind die Eltern gefragt, da sie ihr Kind am besten kennen. Zusätzlich wird auf Einkehrmöglichkeiten, Wickelmöglichkeiten und Kinderspielplätze hingewiesen.
Des Weiteren werden regionale Tipps eine Rolle spielen, die kurze Hinweise geben, welche Ausflüge Tour begleitend unternommen werden können.

Im weiteren Verlauf gehen wir auf die Ausrüstung und die Kinderwagenproblematik ein.

AUSRÜSTUNG

Bei allen unseren Wanderungen haben wir die verschiedensten Erfahrungen gemacht, was sich als nützlich oder unbrauchbar darstellt. Grundsätzlich ist für die Eltern festes Schuhwerk (keine Turnschuhe) und eine Wanderausrüstung erforderlich. Zu dieser sollte eine Schlechtwetterkleidung, also ein Regen- und Sonnenschutz gehören sowie ausreichend Flüssigkeit und – je nach Tourenlänge – Verpflegung für alle Familienmitglieder. Zusätzlich hatten wir immer ein kleines Erste-Hilfe-Set, Blasenpflaster und zwei Rettungsdecken dabei.

Für den Nachwuchs sollte man Folgendes mitführen:

- Wickelrucksack
- Flüssigkeit und ausreichend Nahrung
- Kekse und Früchteriegel für zwischendurch
- Wind- und Wetter- sowie Sonnenschutzcreme
- Regen- und Windschutz
- Ersatzkleider, Matschausrüstung, Jacke
- Sonnenhut bzw. Wintermütze (Ohrschutz)
- Sonnenbrille
- einen Stift gegen Insektenstiche
- Zeckenzange

Für Wanderungen im Winter sind natürlich ein Lammfell, ein guter Winterfußsack und ein Handwärmer am Kinderwagen sehr sinnvoll. Unabdingbar ist eine Sonnenbrille für den Nachwuchs, denn bei Schnee und zusätzlicher Sonneneinstrahlung ist die Gefahr der Schneeblindheit nicht zu unterschätzen. Des Weiteren sollte man auch an eine Thermosflache mit Tee für Groß und Klein denken.

KINDERWAGEN

Welcher Kinderwagen ist für uns geeignet? Das ist ein sehr wichtiges Thema und sollte vor der generellen Anschaffung eines Kinderwagens bedacht und ausreichend überlegt werden. Wir persönlich wurden beim Kinderwagenkauf eher schlecht beraten. Unser erster Kinderwagen hatte zwei feststehende Räder hinten und zwei bewegliche Räder vorne, die man manuell feststellen konnte. Nach der ersten Tour haben wir allerdings festgestellt, dass der Ausdruck „All Terrain" für diesen Kinderwagentyp definitiv nicht zu trifft.

Daraufhin haben wir uns, um dieses Buch zu schreiben und über diese Thematik urteilen zu können, unserer Meinung nach für den besten Kinderwagen, den der Markt bietet, entschieden. Dieser hat die wichtigsten Eigenschaften, die ein Kinderwagen haben sollte. Er verfügt über vier feststehende Räder mit ausreichender Federung, was sich besonders auf Schotterpisten und Kopfsteinpflaster positiv herausstellt.

Der Wagen besteht aus einem Sportgestell mit separatem Babywannen- und Sportwagenaufsatz. Speziell die Babywanne ist einzigartig. Sie hat ein Belüftungssystem, welches im Sommer die Möglichkeit bietet, die Wanne zu belüften und im Winter zu schließen. Der Boden ist mit einer ca. 3 cm starken Isolierung ausgestattet, sodass die Kälte keine Chance hat. Die Wanne hat zusätzlich eine Matratze, einen Kopfschutz, sowie eine Wiegefunktion, so dass man diese mit in die Hütte nehmen kann. Des Weiteren kann sie auch komplett verschlossen werden, damit es im Inneren der Wanne immer angenehm warm bleibt, selbst bei stürmischem Wetter. Der spezielle Windschutz ist auch ein sehr nützlicher Ausrüstungsgegenstand, der an stürmischen Herbst- und Wintertagen seinen Zweck erfüllt. Er lässt sich problemlos über das Sportgestell ziehen und wird mit zwei Druckknöpfen befestigt. Der Nässeschutz sollte sich leicht über den Kinderwagen ziehen lassen, mit einem Gummizug und Reflektorstreifen für dunkle Tage ausgestattet sein sowie starkem Regen über einen größeren Zeitraum standhalten.

Zusätzlich sollte beachtet werden, dass sich der Schwenkschieber in seiner Höhe verstellen lässt. Unserer Erfahrung nach sind hier Schwenkschieber mit Teleskopfunktion besonders geeignet. Diese bieten speziell großen Eltern genügend Spielraum beim Wandern.

Ebenso ist es bei der Wahl des Kinderwagens sinnvoll, die Höhe der Rückenlehne zu beachten, die ca. 90 cm

Emmaljunga

betragen sollte. Unserer Erfahrung nach hat sich dies bewährt, da das Kind bis ungefähr zum 3. Lebensjahr den Kinderwagen nutzen und dennoch eine bequeme Haltung einnehmen kann.

Die luftgefüllten Reifen sind, wenn man im Gelände unterwegs ist, ein Muss für Groß und Klein. Man spürt sehr deutlich den Komfort und Federungsunterschied für das Kind im Gegensatz zu Vollgummireifen. Gegen das Argument, dass Vollgummireifen keinen Platten bekommen, erwähnen wir an dieser Stelle, dass wir über 800 km mit dem Emmaljunga Duo Combi Edge unterwegs waren und nie einen Platten hatten. Die Tatsache, dass wir den Kinderwagen im Hochgebirge in Südtirol, im Pfälzerwald und in den Rheinauen jeweils bei Schnee, Wind und jedem Wetter einem sehr anspruchsvollen Test unterzogen haben und keine Probleme hatten, ist einzigartig. Dieser Test spricht für die hohe Qualität und Funktionalität.

Eigenschaften des Kinderwagens auf einen Blick:

- Schwenkschieber (gleichzeitig Sonnen- und Windschutz)
- vier große luftgefüllte Räder
- Eine ausreichende Bodenfreiheit, so dass Gepäck noch verstaut werden kann, ohne den Boden zu berühren.
- Sonne-, Regen-, Mücken und Windschutz
- geringes Eigengewicht
- robustes Material
- qualitativ hochwertig, denn auf die Dauer gerechnet lohnt sich diese Investition
- Babywanne (keine Softtasche)

Emmaljunga

leicht

Die leichten Touren sind meist ebene Spaziergänge, die jederzeit und ohne größere Vorbereitung durchgeführt werden können. Man bewegt sich meistens auf geteerten Straßen und hat geringe Steigungen zu bewältigen. Die leichten Touren sind mit allen Kinderwagentypen zu bewältigen.

mittel

Die mittleren Touren enthalten nicht nur geteerte Straßen sondern auch geschotterte Forstwege. Die Steigungen und die Tourenlänge bewegen sich immer noch in einem gesunden Mittelmaß. Die Dauer der leichten Touren bewegt sich in einem Zeitrahmen von ca. 2 Stunden und ist bedingt für Kinderwagen mit Schwenkrädern vorne geeignet.

SCHWIERIGKEITSGRADE DER WANDERUNGEN

schwer

Bei den Touren, die wir als schwer eingestuft haben, ist sehr oft die Geländegängigkeit des Kinderwagens gefragt. Man ist meistens auf Forstwegen und gut ausgebauten Wanderpfaden unterwegs. Um die Steigungen und die Tourlänge zu bewältigen, ist eine gewisse Kondition gefragt. Kurze Tragepassagen sind erforderlich, s. Tourenbeschreibung.

sehr schwer

Die sehr schweren Touren sind ausschließlich mit Kinderwagen möglich, die sehr geländegängig sind. Hier sind wir oft auf schmalen Wegen und Pfaden unterwegs. Des Weiteren sind die Pfade oft ausgespült und man muss den Wagen über zahlreiche Sandsteine schieben. Auch hier werden kurze Tragepassagen zu bewältigen sein, die in der Tourenbeschreibung erwähnt werden.

Die Angaben für die Gehzeiten sind immer ohne Pausen gerechnet und beziehen sich auf den Hin- und Rückweg der Tour bei normaler Ge-

ANGABEN

schwindigkeit mit einem vierrädrigen Kinderwagen. Zusätzlich sind die wichtigsten Punkte und Wegmarkierungen ausführlich erklärt, denn unseren Erfahrungen zufolge sind die Markierungen in einigen Regionen der Pfalz nicht immer ausreichend vorhanden. Angaben zum Höhenprofil beziehen sich immer auf die komplette Tourenlänge.

Die Touren, die mit allen Typen von Kinderwagen befahren werden können, haben wir explizit erwähnt. Auf einzelne Tragepassagen und besondere Herausforderungen weisen wir bei jeder Tour hin.

Wir teilen grundsätzlich die Wege in geteert bzw. asphaltiert und nicht asphaltiert ein. Die Forststraßen im Pfälzerwald sind meistens geschot-

EIGENSCHAFTEN DER WEGE

tert und gut ausgebaut, d.h. die beschriebenen Fahrwege sind mit dem Kinderwagen immer befahrbar. Natürlich kann sich die Beschaffenheit eines Weges durch Schlechtwetterperioden oder Holzrückarbeiten immer ändern. Diese gilt auch für die schmaleren Wege und Wanderpfade, die wir auf unseren Touren genutzt haben.

SYMBOLE

Hochstuhl

Es ist ein Hochstuhl für
die Kleinen vorhanden.

Wickelmöglichkeit

Es ist eine Wickelmöglichkeit
vorhanden.

Spielplatz

Das Spielplatzsymbol
weist auf eine Spielmöglichkeit
für Kinder hin.

Für Rollstuhl/ Gehhilfe geeignet

Die Wege, die mit diesem Symbol gekennzeichnet sind, sind mit einiger Anstrengung auch mit einem Rollstuhl zu meistern. Manchmal bezieht sich diese Kennzeichnung auch nur auf eine Variante des Hauptweges.

Anfahrt

Unter diesem Symbol findet man die entsprechende Anfahrtsbeschreibung.

Einkehrmöglichkeit

Hier geben wir Tipps zur Einkehr. Die Lokale sind kinderfreundlich und man ist auch mit einem Kinderwagen willkommen.

Regionale Tipps

Diese Tipps werden immer erwähnt, dienen als Tourenerweiterung und sollen auf örtliche Sehenswürdigkeiten und Museen hinweisen. Wir geben zusätzlich die Kontaktadressen der örtlichen Touristenformationen an, um immer die aktuellen Informationen zu erhalten.
Auf Angaben zu Öffnungszeiten und Fahrplänen verzichten wir bewusst, denn diese ändern sich stetig.

Bei den Wanderungen sollte man immer erst auf die Bedürfnisse der Kinder eingehen, die die Eltern am besten einzuschätzen wissen.

ANREGUNGEN UND TIPPS FÜR DIE ELTERN

Unsere Erfahrungen zeigen, je früher man mit dem Nachwuchs zu wandern beginnt, umso besser ist es. Mit der beschriebenen Babywanne kann man fast von Geburt an alle Touren beschreiten (ausgenommen sind die Touren mit der Klassifizierung sehr schwer). Man sollte mit kleinen Wanderungen anfangen, damit sich beide Parteien an das Wandern gewöhnen können. Die Tourenvorschläge sind bewusst so gewählt, dass man nach max. 2 Stunden die Möglichkeit hat, in einer Hütte oder Gaststätte einzukehren. Man sollte auch auf die Jahreszeit achten.

1 **Tourlänge** 12 km **Dauer** 3 Stunden **Steigung** 219 m **Gefälle** 217 m
Kinderwagentyp alle

Rundwanderung zur Burg Lichtenberg

Malerische Wanderung im Kuseler Musikantenland

Wir starten am Parkplatz direkt am Kreisel in Kusel und **folgen** der **roten Musiknote** und dem Fahrradweg. Am Kreisel geht es rechts den **geteerten Weg bergauf.** Nun erkennen wir, dass die Strecke früher ein Bahndamm war. Nach einigen Minuten treffen wir auf eine Straße und folgen der guten Beschilderung nach links in **Richtung AOK.** Kurz nach dem Parkplatz der AOK, den wir zuvor überquert haben, befinden wir uns wieder auf dem Bahndamm, dem wir von nun an folgen. Nun passieren wir Kusel und lassen nach einiger Zeit auch das Schwimmbad links liegen. Kurz darauf sehen wir die **Sportanlage des SG Blaubach-Diedelkopf,** wo Miroslav Klose Fußball spielen lernte. Nach fast 3 km kommen wir an zwei Sitzgruppen vorbei, die zu einer Rast einladen. Nach weiteren 400 m grüßt uns die imposante und hoch auf dem Berg liegende Burg Lichtenberg. Kurz danach passieren wir einen der schönsten Spielplätze. Er wurde im Jahr 2012 neu angelegt und bietet neben zahlreichen Sitzgelegenheiten auch eine Vielzahl an unterschiedlichsten Spielgeräten. **Nach dem Spielplatz verlassen** wir den Bahndamm und folgen der Markierung und der Beschilderung zur Burg Lichtenberg **nach rechts.** Die Straße führt uns nun steil bergauf. Direkt nach der Linkskurve biegen wir in eine schmale **Teerstraße nach rechts** ein und laufen zwischen zwei Häusern hindurch. Am Straßenschild sehen wir unsere **blau-weiße Markierung** mit einem **V,** das auf den Veldens Wanderweg hinweist. Kurz darauf haben wir die steilste Strecke der Tour zu bewältigen, zwischen Feldern und Wiesen geht es hinauf zu unserem Zwischenziel. An der ersten Kreuzung biegen wir der **Markierung folgend links ab** und sehen nun die Burg links vor uns. Nach kurzer Zeit wandern wir links in einen Wiesenweg und folgen nicht dem geschotterten Weg nach rechts. An der nächsten Kreuzung haben wir schon 4,67 km zurückgelegt, folgen der **guten Beschilderung nach links** und nehmen wieder eine kleine Steigung in Kauf. Der Wegweiser an dieser Stelle sagt uns, dass wir noch 700 m von der Burg entfernt sind. Nun folgen wir dem Weg, der gut ausgeschildert ist und uns nach 5,6 km direkt vor die Burg führt.

Für den Rückweg laufen wir den gleichen Pfad ca. 1 km bergab, bevor wir an der Kreuzung den geschotterten Weg nach links nehmen und der **Beschilderung nach Körborn** folgen. Nach 500 m in der Ortschaft angekommen, gehen wir durch ein Neubaugebiet und folgen dem **Mühlweg** bis zum Ende. An der Straße angekommen biegen wir **rechts ab** und laufen nun an einer Bushaltestelle, einer Sitzgruppe und an einem Brunnen vorbei. Die

Straßenschilder weisen uns den Weg und wir laufen in **Richtung Oberalben** der Straße folgend bergauf. Wir entscheiden uns allerdings nicht für die Hauptstraße, die links abzweigt, sondern wählen den **Hochweg, der geradeaus verläuft.** An einem alten Sandsteinhaus können wir unsere Markierung, einen roten Balken, entdecken. Der Weg führt uns nun aus der Ortschaft heraus und weiter bergauf. An der **ersten Möglichkeit** biegen wir **rechts** der Markierung folgend ab und laufen auf einer Teerstraße weiter. Nun werden wir durch den imposanten Ausblick für die Mühen des letzten kleinen Anstieges belohnt. Rechts von uns sehen wir die Ortschaft Körborn und den Bergfried der Burg Lichtenberg. Richten wir den Blick geradeaus, können wir den berühmten Potzberg mit seinem Turm entdecken. Nun gehen wir immer geradeaus; die Markierung mit dem **roten Balken** ist gut zu erkennen. Nach einiger Zeit blicken wir direkt auf Kusel und wandern nun den Weg, der uns angenehm bergab führt, weiter. Nach fast 10 km erreichen wir die Ortschaft **Diedelkopf.** Am Ende der Straße Am Mühlbach biegen wir **rechts ab** und sehen schon eine Eisenbahnbrücke vor uns, die wir unterqueren. Direkt nach der Brücke gehen wir **scharf links** bergauf in den Blockweg. Nach einigen Metern erkennen wir links von uns wieder den Bahndamm und laufen nach links in Richtung Kusel zurück. Der restliche Rückweg verläuft wie der Hinweg.

Variante

So lange man möchte, kann man auf dem ehemaligen Bahndamm entlang spazieren. Der eben und mit jedem Kinderwagen befahrbare Weg führt uns bis ins ca. 20 km entfernte Freisen. Für Einsteiger und Neugeborene ist diese Möglichkeit ideal, denn der Weg weist keine Steigungen auf und ist in einem guten Zustand. Einkehrmöglichkeiten direkt an der Strecke sind leider nicht vorzufinden.

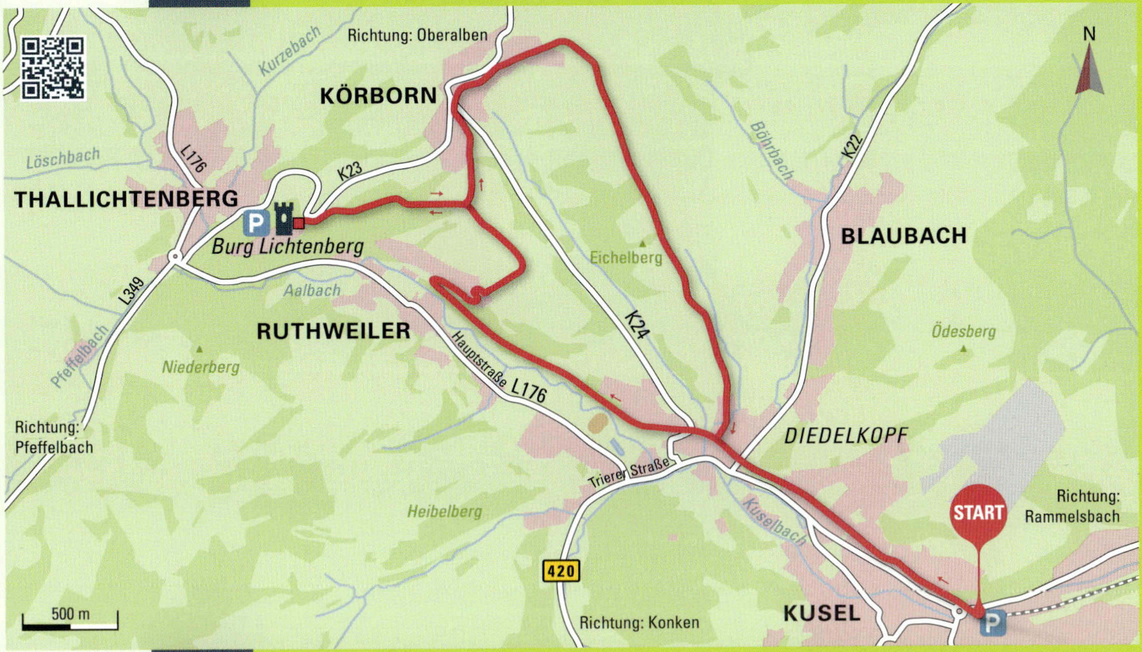

Auf der Autobahn A6 fahren wir bis ans Landstuhler Kreuz. Direkt am Kreuz wählen wir die A63 in Richtung Trier. An der Ausfahrt Kusel fahren wir rechts in Richtung B420. Wir durchfahren die Stadt und nehmen am Kreisel die zweite Ausfahrt. Auf dem Parkplatz vor dem Bahnhof parken wir. Als Alternative können wir nach der Gärtnerei links bergauf durch den Tunnel fahren. Danach erscheint rechts ein Parkplatz. Dieser liegt unmittelbar an unserer Wanderstrecke.
GPS: 49.548408 7.412777 | 66894 Kusel, Am Bahndamm

Burg Lichtenberg, Lokale und Cafés sowie eine Eisdiele in Kusel

Besichtigung der Burg Lichtenberg, Geoskop-Urweltmuseum, Musikantenlandmuseum, Besuch des Potzberges

2

Tourlänge 6 km **Dauer** 1 ½ Stunden **Steigung** 109 m **Gefälle** 104 m
Kinderwagentyp alle (bei gutem Wetter)

Rundwanderung auf der Sickinger Höhe

Wanderung durch Rapsfelder mit viel Fernsicht

Wir **starten am Rathaus** von Martinshöhe und laufen an der Zweibrücker Straße in **Richtung Rosenkopf** entlang. Die Straße führt uns nach einiger Zeit aus dem Ort heraus und lässt uns gleich das schöne Panorama der Sickinger Höhe genießen. Wir biegen am **zweiten Feldweg rechts** ab und folgen weiter der Markierung mit dem **roten Punkt.** Der geteerte Weg führt uns nun immer bergab. Nach ca. 500 Metern laufen wir auf dem linken Forstweg der Markierung folgend weiter. Wir durchqueren nun einen dichten Fichtenwald und bleiben immer auf dem Fahrweg. Bei Regenwetter ist der Weg sehr nass und schlammig. Nach 2,8 km führen uns der Weg und die Markierung ein kurzes Stück bergauf. Wir laufen über eine Wiese auf eine Kreuzung zu und folgen

dem Weg nach links über die Wiese weiter. Die Markierung ist hier rechts von uns ziemlich versteckt an einer Eiche angebracht. **Am Waldrand** angekommen folgen wir der Markierung und dem linken Weg in einen herrlichen **Buchenwald** hinein. Nach kurzer Zeit führt uns der Weg bergab und wir stoßen auf einen geschotterten Forstweg. Diese Stelle haben wir nach 3,5 km erreicht und **folgen der Markierung weißer Balken** mit **schwarzem Punkt nach rechts.**

Hier kann man, wenn man nach links wandert, einen **Abstecher** zur **Elendsklamm** unternehmen. Nach einem weiteren Kilometer auf dem Forstweg kommen wir an eine Kreuzung, an der wir auf den **Schlapphutweg stoßen.** Falls man eine Rast machen möchte, kann man dort dem angesprochenen Weg und der Beschilderung zum **Fritz-Claus-Haus** einen Kilometer nach links folgen. Wir aber **folgen** an der Stelle dem **blauen Punkt** und dem nach rechts bergauf führenden Weg. Nach kurzer Zeit verlassen wir den Wald und laufen nun durch zahlreiche Rapsfelder hindurch. Ende April und Anfang Mai ist dieser Weg durch die Rapsblüte besonders schön, denn man wandert durch gelbe Blütenmeere und hat eine herrliche Aussicht. Nun folgen wir dem Weg weiter und können nach kurzer Zeit den markanten Wasserbehälter und die Kirche der Ortschaft Martinshöhe erblicken. Wir stoßen nun auf die **Schernauer Straße,** welcher wir immer **geradeaus folgen.** An dieser Stelle sollte man nicht der Markierung folgen, denn auf dieser Strecke gilt es, zwei Weidezaundurchgänge zu passieren und vor dem Friedhof einen sehr steilen Anstieg zu bewältigen. Deshalb lassen wir den Ortsteil hinter uns und **laufen geradeaus** bis zur **L466.** An dieser Straße angekommen, wandern wir auf einem Fußgängerweg **steil bergauf zur Martinshöhe.** Auf der Anhöhe und in der Ortschaft angekommen, laufen wir an der Zweibrücker Straße nach links zum Auto zurück. Die Tour ist bei gutem Wetter für jeden Kinderwagen geeignet. Nun sind wir müde und hungrig und fahren über die L466 zur Fritz-Claus-Hütte.

Von der Autobahn A6 kommend fahren wir am Landstuhler Kreuz auf die A62 in Richtung Pirmasens weiter. An der Autobahnausfahrt Landstuhl Atzel verlassen wir die A62 und folgen der Beschilderung Martinshöhe. Nach ca. 8 km haben wir die Anhöhe erreicht und fahren durch die Ortschaft Martinshöhe bis zur Ortsmitte, wo wir am Rathaus parken. GPS: 49.364243 7.480244 | 66894 Martinshöhe, Zweibrücker Straße 63

Fritz-Claus-Hütte (Pfälzerwald-Verein)

Elendsklamm

3 **Tourlänge** 8 km **Dauer** 2 Stunden **Steigung** 176 m **Gefälle** 201 m
Kinderwagentyp alle

Wanderung in der Klosterstadt Hornbach

Grenznahe Rundwanderung von Hornbach nach Althornbach

Wir laufen vom Parkplatz aus der Straße entlang bergab. An der abknickenden Vorfahrtsstraße gehen wir geradeaus weiter in die **Lauerstraße.** Es geht für kurze Zeit über Pflastersteine, bevor wir einen Bach überqueren. Direkt nach der **Brücke biegen wir rechts** ab und erreichen die Zinselstraße. Nun können wir die Markierung mit dem **blauen Pfeil auf weißem Hintergrund** entdecken, der wir **bis zum Ende der Tour** folgen werden. Wir passieren einen Tunnel, laufen nach rechts der Markierung und der Straße folgend weiter und erreichen nach kurzer Zeit den **Ortsausgang.** Nun wandern wir auf einer geteerten Straße an der Waldgrenze entlang des Hornbachs und kommen immer wieder an Wiesen vorbei. An der ersten Kreuzung folgen wir der geteerten Straße nach rechts, die angenehm bergauf verläuft. Nach einer **90°-Kurve** nach links begleitet uns eine wunderschöne Allee. Kurz darauf erreichen wir den **Stuppacherhof** und folgen der Straße nach rechts, die nun für einige Meter steil bergauf verläuft. Auf der Anhöhe angekommen, bietet sich an einer **Liegebank** und einer Sitzgruppe die Möglichkeit zur Verschnaufpause an. Wir folgen dem **Schotterweg nach rechts** und sehen direkt vor uns die Ortschaft Althornbach. Nun geht's immer geradeaus, vorbei an farbenfrohen Rapsfeldern.

Nach 5,12 km haben wir die Ortschaft erreicht und überqueren die Brücke, die uns über den Hornbach führt. An dieser Stelle können wir links von uns einen **Spielplatz** und ein Lokal entdecken. An der ersten Möglichkeit folgen wir der Markierung und dem geteerten Weg nach rechts und treffen auf Bauernhöfe und Pferdekoppeln. Nach fast 6 km können wir uns nun entscheiden, ob wir der Markierung nach links über eine **kleine Holzbrücke** oder der Variante folgen. Wir wollen noch einmal auf die Höhe und entscheiden uns für unsere **weiß-blaue Markierung.** Nach dem Überqueren der Straße geht es mäßig bergauf, bevor der Schotterweg nach einigen Metern stark ansteigt. Wir freuen uns, als wir die 350 m lange Strecke geschafft haben. Dieses Teilstück ist die zweite sehr steile und unebene Stelle, die jedoch mit einiger Anstrengung mit allen Kinderwagen befahrbar ist. Auf der Anhöhe angekommen blicken wir nun auf Hornbach und laufen der Markierung und der Straße folgend bergab. Vor dem **Kriegerdenkmal** folgen wir der Straße nach links und wandern nun weiter bergab bis zur Kreuzung. Links davon befindet sich der **Kreisel.** Wir überqueren die Straße und folgen der Markierung zurück zum Parkplatz. Nach ca. 5 Minuten haben wir unseren Ausgangspunkt erreicht.

Nun sind wir hungrig und freuen uns auf die Einkehr in der Klosterschänke des Hotels Kloster Hornbach. Der Chef des Hauses und die Mitarbeiter sind sehr kinderfreundlich. Das Restaurant bietet uns erlesene Pfälzer Speisen und leckeren Kuchen. Des Weiteren befindet sich dort ein sehr schöner Biergarten mit Spielplatz. Zudem findet man hier den schönsten Wickelraum von allen, die wir auf unseren Wanderungen gesehen haben. Der Zugang ist jedoch nur über die Damentoilette möglich.

Variante

Wir biegen am Ortsausgang von Althornbach nicht nach links über die Holzbrücke ab, sondern folgen dem Rad- und Wanderweg nach Hornbach geradeaus. Durch diese Variante kann man den letzten Anstieg sparen.

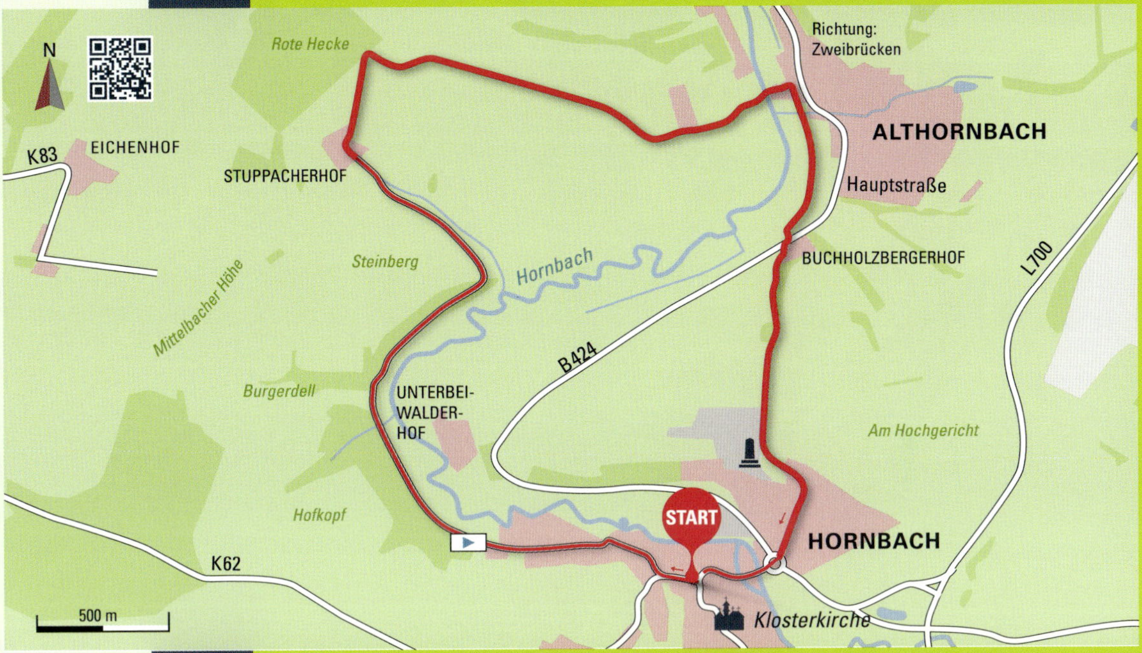

Auf der A8 fahren wir an der Abfahrt des Zweibrücker Flughafens und der Style Outlets ab und folgen der Beschilderung ins 6 km entfernte Hornbach. Dort nehmen wir am Kreisel im Ort die zweite Ausfahrt und fahren weiter geradeaus. Nach kurzer Zeit können wir links von uns die ehemaligen Klostermauern entdecken und parken gegenüber.
GPS: 49.18751 7.36794 | 66500 Hornbach, Lauerstraße 1

einige Lokalitäten in Althornbach, die Klosterschänke im Hotel Kloster Hornbach

Grab des hl. Pirminius im Kloster Hornbach, Besuch der Style Outlets in Zweibrücken, Fahrt nach Frankreich zur alten Festung in Bitsch, die auch mit dem Kinderwagen bestaunt werden kann

4

Tourlänge 9,25 km **Dauer** 2½ Stunden **Steigung** 145 m **Gefälle** 237 m
Kinderwagentyp drei- und vierrädrig

Rundwanderung in Queidersbach

Durch ein romantisches Tal
auf die Sickinger Höhe

Der erste Teil der Wanderung führt uns eine Weile durch die idyllische Ortschaft. Wir starten die Tour am genannten Parklatz und können uns an der Wandertafel aus dem Jahre 1975 informieren. Unsere Strecke ist mit **roten Punkten** gekennzeichnet und führt uns nach links über eine Brücke in die **Pirminiusstraße** und am Altenheim vorbei. Am Ende der Straße biegen wir in eine schmale Gasse nach links ab und laufen bergauf bis zur **Kirche.** Vor der Kirche angekommen gehen wir nach rechts in die **Blumenstraße.** Am Ende biegen wir links und gleich wieder nach rechts ab in die **Rosenstraße.** Nun wandern wir immer geradeaus, überqueren die nächste Straßenkreuzung und laufen weiter geradeaus. An einer 180° Kurve biegen wir rechts ab und gehen in die **Spielstraße** Zum Wasserstein. An deren Ende biegen wir links ab und erkennen gleich darauf die Schilder des Wander- und Radweges nach **Linden.** Wir folgen diesen und freuen uns über den angenehmen Wegverlauf, denn es geht fast die ganze Zeit an Wälder und Wiesen vorbei. Nach 3 km haben wir die Möglichkeit in einem **Grillpavillon,** der 300 m links von uns zu erkennen ist, zu füttern und zu wickeln. Nach weiteren 170 m stoßen wir direkt auf die Straße, überqueren diese und laufen nach rechts über die Brücke weiter. Nun kommen wir direkt an einen **Rastplatz** und eine Bushaltestelle und folgen dem geteerten Weg nach links ins **Gabelsbachtal.** Wir wandern in dem malerischen und wunderschönen Tal immer geradeaus und erfreuen uns an Blumenwiesen entlang des Weges. Nach 2 km folgen wir dem Weg nach links weiter (rechts von uns ist ein privater Weiher). Hier laden Sitzgelegenheiten zum Verschnaufen ein. Nach 5,6 km beginnt nun der **steilste Anstieg** unserer Wanderung mit einer Länge von ca. 1 km. Hier ist die Geländegängigkeit des Kinderwagens gefragt. Auf der Höhe angekommen werden wir mit einer herrlichen Aussicht für die Strapazen belohnt und folgen der Straße nach rechts. Nach 150 m weist uns ein altes Holzschild mit der Aufschrift **„Ortsmitte"** den Weg **nach links.** Gleich darauf lädt uns der rechte Weg ein, ihm zu folgen. Zu unserer Rechten liegt uns der Pfälzerwald zu Füßen. Links von uns blicken wir ins Sickinger Land und auf Martinshöhe mit seinem markanten Wasserturm.

Nach 7,13 km folgen wir dem Weg **nach links** und laufen nach weiteren 400 m angenehm **bergab.** Richten wir den Blick an dieser Stelle geradeaus, können wir vor uns den Donnersberg und rechts von uns den Fernsehturm von Kaiserslautern sowie Queidersbach erkennen. Nun verlieren wir rasch an Höhe und haben in Kürze die Ortschaft erreicht. Im **Ort angekommen** folgen wir der Straße nach **rechts.** An der zweiten Möglichkeit biegen wir nach links in die **Steigstraße** ein. Dieser folgen wir bis zur Hauptstraße. Dort angekommen biegen wir rechts ab und gehen zurück zum Ausgangspunkt.

Auf der A6 nehmen wir die Ausfahrt Kaiserslautern West und fahren auf die B270 in Richtung Waldfischbach-Burgalben. Nach dem Naherholungsgebiet Gelterswoog folgen wir der Beschilderung in Richtung Queidersbach nach rechts. Im Ort angekommen, können wir in der Hauptstraße gegenüber der Hausnummer 60 parken.
GPS: 49.372331 7.6307435 | 66851 Queidersbach, Hauptstraße 60

Restaurant Toscana in Queidersbach

Gartenschau Kaiserslautern, Karlstal

5 **Tourlänge** 5 km **Dauer** 1 ¼ Stunden **Steigung** 73 m **Gefälle** 55 m
Kinderwagentyp drei- oder vierrädrig

Zum Pirmasenser Felsentor

Rundwanderung vor den Toren der Schuhstadt

Wir beginnen die Tour am Beckenhof, einem bekannten Ausflugslokal mit großem Biergarten und schönem Spielplatz. Direkt **vor dem Eingang** halten wir uns **rechts** und kommen an einem Forstinformationsschild vorbei. Hier folgen wir einem schmalen Pfad und der rot-gelben Markierung sowie der **Nummer 2.** Nach einigen Metern führt uns die Markierung nach links in einen Fahrweg. Wir wandern durch einen herrlichen alten Buchenbestand. An der ersten Kreuzung weist uns die Markierung den Weg **nach links** in einen schmalen Weg bergauf. Nach ca. 1 km haben wir das berühmte **Pirmasenser Felsentor** erreicht. Dieses durchqueren wir und haben nun die letzten Meter des etwas steinigen Anstiegs zu bewältigen. Direkt oberhalb des Felsentores gönnen wir uns auf einer **Sitzbank** eine kleine Verschnaufpause. Anschließend folgen wir dem Weg und der Markierung mit der **Nr. 2 nach rechts.** Nach weiteren ca. 250 m gehen wir den Fahrweg ebenfalls nach rechts und laufen auf der Anhöhe weiter geradeaus.

Nach 2,1 km stoßen wir nun automatisch auf eine Wegekreuzung, an der wir links in einen schmalen Pfad biegen, der uns zu einer **Schutzhütte**

bringt. Diese passieren wir und laufen den schmalen Pfad bergab. Nach kurzer Zeit stoßen wir auf einen **Fahrweg,** dem wir nach **rechts folgen.** Nun verläuft der Fahrweg mit der **Markierung Nr. 2** unterhalb der markanten Hubertuswand. Diesem folgen wir bis zum Ausgangspunkt zurück, den wir nach 1 Stunde und 15 Minuten erreichen.

Variante

Wir haben auch die Möglichkeit, die Wegekreuzung zu überqueren und dem Fahrweg weiter zu folgen. Diesem folgen wir bis wir auf einen weiteren Fahrweg stoßen, der uns nach rechts zu unserem Ausgangspunkt führt (s.o.). Die Variante ist etwas kürzer und mit jedem Kinderwagen machbar.

Von Landau kommend fahren wir auf die B10 in Richtung Pirmasens. Dieser folgen wir immer geradeaus bis kurz vor Pirmasens die Ausfahrt Beckenhof erscheint. Nach 2 km haben wir den großen Parkplatz am Beckenhof erreicht.
GPS: 49.195475 7.655024 | 66955 Pirmasens, Forsthaus Beckenhof

Beckenhof

6

Tourlänge 6 km **Dauer** 1 ½ Stunden **Steigung** 81 m **Gefälle** 83 m
Kinderwagentyp drei- oder vierrädrig

Die Karlstalschlucht bei Trippstadt

Imposante Rundwanderung durch markante Felsformationen in der wilden Schlucht

„Hier kann die Kraft des Wassers bestaunt werden."

Wir beginnen die Tour, indem wir am Parkplatz der Straße nach rechts in Richtung Johanniskreuz und **Bushaltestelle** folgen. An der Kreuzung, die den Weg nach links zum Sägmühlweiher weist, biegen wir nach rechts in einen sehr gut ausgebauten **Forstweg** ein. Diesem folgen wir immer geradeaus und haben eine sehr angenehme Steigung zu bewältigen. Nach kurzer Zeit können wir die romantische und wilde Natur der Karlstalschlucht von oben bestaunen. Wir laufen auf dem Fahrweg weiter, genießen die Ruhe und den herrlichen alten Fichtenbestand. Nach ca. 35 Minuten stoßen wir auf eine **Kreuzung,** an der wir rechts abbiegen und dem Fahrweg immer geradeaus **bergab folgen.** Dieser verliert rasch an Höhe und führt uns direkt zum **Unterhammer.** An dem kleinen See und auf der schönen Terrasse des Cafés kann man die Zeit vergessen und richtig entspannen.

Für den **Rückweg** gehen wir nicht bergauf, sondern wählen den Weg **am Bach** und zu Beginn am Weiher entlang. Der ebene Pfad führt uns durch das schöne Tal, das gesäumt ist von Wiesen und kleinen Weihern, bis zur **Klug'schen Mühle.** Diese Mühle ist seit 1827 in Familienbesitz und dient als schönes Ausflugslokal. Das Rindfleisch aus eigener Zucht ist ein Gaumenschmaus. Der Nachwuchs erfreut sich hier nicht nur am Spielplatz, sondern ist auch vom Streichelzoo hellauf begeistert.

Wir folgen weiter dem **Pfad am Bach** entlang und laufen nach kurzer Zeit in die **Karlstalschlucht.** Diese ist ca. 1 km lang und einzigartig im Pfälzerwald. Im Sommer ist sie besonders von Familien gut besucht, da sie an heißen Tagen immer im Schatten liegt und Abkühlung verspricht. Die Moosalb fließt seit Jahrtausenden durch die atemberaubende, typische Pfälzer Buntsandsteinschicht und formte diese beeindruckende Schlucht. Wir wechseln über zahlreiche Brücken sehr oft die Uferseiten und erhalten dadurch immer neue atemberaubende Eindrücke. Ungefähr in der Mitte der Strecke entdecken wir

inmitten der Schlucht einen **hölzernen Pavillon,** der zum Verweilen einlädt. Bevor wir diesen erreichen gilt es, die ersten 9 Sandsteinstufen zu überwinden. An dieser Stelle kann man die Wildbachstimmung in der Schlucht spüren. Nach weiteren neun Sandsteinstufen folgen wir dem Weg bis zum Ende der Schlucht. Wir wandern nun nicht den Treppenweg nach oben, sondern folgen dem **Forstweg nach links** bis zur Straße. Rechter Hand erkennen wir den Ausgangspunkt der Tour.

Variante

Wir können die Tour verlängern, indem wir nach ca. 35 Minuten auf der Anhöhe, wo wir eigentlich nach rechts bergab laufen, dem gut ausgebauten Fahrweg **nach links** folgen. Wir bleiben immer auf geschotterten Fahrweg. Nach ca. 25 min passieren wir eine **Schutzhütte** und wandern, dem Fahrweg folgend, leicht **bergauf.** An der Kreuzung, die mit dem **Rettungspunkt 643** gekennzeichnet ist, laufen wir dem Fahrweg folgend rechts bergab. Nach kurzer Zeit erkennen wir ein **Hinweisschild zum Naturfreundehaus,** das uns den Weg in einem schmalen Pfad nach links zeigt, der uns bergab führt. An dieser Stelle befindet sich die in Sandstein eingefasste **Finsterbrunner-Quelle.** Des Weiteren laden ein schöner Sandsteintisch und ein alter Barfußpfad zu einer Rast ein. Nach ca. 5 min haben wir das Naturfreundehaus Finsterbrunnertal erreicht. Dieses wunderschöne Haus bietet alles, was sich Eltern wünschen. Die Essenauswahl ist sehr groß, die Preise sind die günstigsten, die wir während unserer Touren gefunden haben. Des Weiteren ist vom Wickeltisch bis zum Sandspielzeug für Kleinkinder alles vorhanden. Ein neu angelegter alpiner Pfad zu einem Aussichtspunkt, lädt nicht nur die älteren Kinder zu Abenteuern ein. Unser **Rückweg** beginnt nach dem Naturfreundehaus, indem wir der Markierung mit dem **roten Kreuz** und der grün-weißen Markierung des Pfälzer Waldpfades nach einer Übersichtstafel rechts bergauf folgen. Der Pfad ist recht **schmal und steinig,** aber schon nach 300 m gemeistert. Nun folgen wir der Markierung und dem Fahrweg nach **links bergab.** Von nun an ist der Weg sehr gut markiert und führt uns direkt zum **Unterhammer.** Die Tourlänge beträgt 10,5 km und nimmt ca. 2 ½ Stunden in Anspruch.

In Johanniskreuz biegen wir rechts in Richtung Kaiserslautern ab. Kurz darauf folgen wir der Straße nach links in Karlstal. Nach ca. 300 m biegen wir rechts ab und folgen der Straße Richtung Karlstal / Trippstadt. Nun folgen wir der Beschilderung, die uns direkt zum Eingang und zum Parkplatz der Karlstalschlucht führt. Johanniskreuz ist ebenfalls über das Wellbachtal (B48), über Hochspeyer oder über Kaiserslautern gut zu erreichen.
GPS: 49.3503147.757405 | 67705 Trippstadt, L 500

Klug'sche Mühle, Café Unterhammer,
Naturfreundehaus Finsterbrunnertal

Naturbadeweiher Sägmühlweiher
Brauerei am Unterhammer

7

Tourlänge 3 km **Dauer** 1 Stunde **Steigung** 25 m **Gefälle** 25 m
Kinderwagentyp alle

Rundwanderung auf dem Stüterhof

Wandergenuss zwischen Wald und Weizen

Wir beginnen die Tour am **Parkplatz** des Landhotels Schoner und wandern auf der Straße wieder bis zum ersten Haus zurück. An dem Haus mit der **Hausnummer 1** folgen wir dem Schild „Rundwanderung Stüterhof Feld“ nach rechts in einen geschotterten Fahrweg. Kurz danach erkennen wir auf der rechten Seite einen **Holzschuppen** und biegen in einen **kleinen schmalen Pfad** nach links ab. Durch einen schönen alten Eichenwald wandernd erkennen wir auf der rechten Seite die Felder des Stüterhofs. Nach ca. 900 m grüßt uns eine markante **Eiche mit einem Hochsitz.** An dieser Stelle befindet sich links von uns eine sehr **schöne Bank,** die uns zum Verweilen einlädt. Nach einiger Zeit laufen wir

nun den schmalen Pfad leicht bergauf, die Straße begleitet uns. Anschließend verlassen wir den Wald und wandern auf dem Feld geradeaus am Zaun entlang. Nach kurzer Zeit können wir wieder den schmalen Pfad entdecken und folgen diesem immer geradeaus weiter. Nach 2 km verlassen wir den Wald und genießen an einer **Sitzgelegenheit** den herrlichen Blick über den Stüterhof. Um müde Kinderbeine zu entlasten, kann man an dieser Stelle dem breiten Fahrweg bergab folgen und zum Ausgangspunkt zurück wandern.

Wir folgen dem Rundweg weiter, indem wir dem breiten Fahrweg **nach links bis vor das Wasserwerk** bergauf folgen. **Vor dem Wasserwerk** biegen wir nach rechts in einen schmalen Pfad ein und folgen diesem. Nach weiteren 500 m verlassen wir abermals den Wald und folgen dem Weg nach links für ca. 50 m. Am **Hochsitz** entdecken wir wieder unseren Pfad. Wir stoßen nun automatisch auf einen **Ausgang,** der auf den Talbrunnen und die Ortschaft Mölschbach hinweist. An dem Ausgang folgen wir nun immer dem **Zaun nach rechts** bis wir auf einen geschotterten Fahrweg stoßen. Dieser stellt ungefähr die Mitte des Stüterhofs dar. Im Sommer werden wir vom Rascheln des Weizens begleitet, zur Linken grüßen uns Pferde. Am **Fahrweg** angekommen biegen wir **nach links** ab und haben nach ca. 200 m den Ausgangspunkt erreicht.

In Johanniskreuz angekommen geht es auf die B48 in Richtung Hochspeyer. Nach kurzer Zeit verlassen wir die Bundesstraße nach links und folgen dem Hinweisschild zum Stüterhof. Nach dem Passieren eines Eisenrostes fahren wir immer geradeaus weiter und stoßen direkt auf unseren Ausgangspunkt, das Landhotel Schoner.
GPS: 49.376118 7.845421 | 67661 Waldleiningen, Stüterhof 5

Landhotel Schoner

Das selbstgebackene Brot und die Hausmacher Wurst im Landgasthof Schoner sind hervorragend. Das Brot sollte man jedoch vorbestellen.

8 **Tourlänge** 5 km **Dauer** 2 Stunden **Steigung** 97 m **Gefälle** 98 m
Kinderwagentyp drei- oder vierrädrig

Wanderung rund um die Hellerhütte

Auf den Spuren von „Al Capone“

Wir starten am Wanderparkplatz **hinter der Totenkopfhütte** und folgen dem Fahrweg, der uns in einen herrlichen alten Fichtenwald führt. Als Markierung merken wir uns den **blau-gelben** Balken für kurze Zeit. Nach ca. **200 Metern** folgen wir dem **Fahrweg** weiter nach **links** und verlassen somit den markierten Weg. Ein kurzer Anstieg ist geschafft und wir erreichen eine **180 Grad Kehre**. An dieser Stelle folgen wir weiter dem breiten Fahrweg **scharf nach rechts.** Nach ca. einer viertel Stunde entdecken wir wieder unsere blau-gelbe Balkenmarkierung. An dieser Stelle kann man dem Fahrweg weiter geradeaus folgen und hat nach ca. 2 km die Hellerhütte erreicht.

Allerdings bietet es sich für Geschwisterkinder und geländetaugliche Kinderwagen an, **den schmalen Weg** zu wählen, der vom Fahrweg **nach links** abzweigt (Hellerhütte 1,1 km). Hier lassen Wurzeln und Sandsteine die Herzen kleiner Wanderfreunde höher schlagen. Nach ca. 10 Minuten verlassen wir den Pfad und folgen der Markierung und dem breiten, gut ausgebauten **Fahrweg nach rechts.**

Insgesamt haben wir nach gemütlichen 35 Minuten die **Hellerhütte** erreicht, die müde Kinderbeine mit einem sehr schönen und gepflegten Spielplatz, einer Riesenschaukel sowie Rutschen belohnt. Familienfreundliche Betreiber und Preise runden das Erlebnis ab. Traurige Be-

rühmtheit erlangte die Hütte in der Silvesternacht im Jahre 1960/61, als die Bande rund um „Al Capone von der Pfalz“ den damaligen Hüttenwirt erschoss. An dieses Ereignis erinnert heute noch ein Ritterstein.

Den Schlüssel für den Wickelraum (vor der Herrentoilette) erhält man an der Theke, es steht sogar eine Dusche zur Verfügung.

Der Rückweg führt uns über den **ansteigenden Fahrweg nach links steil bergauf.** Als Markierung sehen wir die **Nr. 4** und den ausgeschilderten Jakobsweg. Nach ca. 10 Minuten verlassen wir den Fahrweg und folgen der Markierung und dem

schmalen Pfad nach rechts weiter bergauf. An dieser Stelle gilt es, **drei langgezogene Treppen** zu bewältigen. Nach kurzer Zeit können wir nun auf der linken Seite einen herrlichen Blick in die Rheinebene genießen. Der schmale Pfad begleitet uns ca. 600 Meter, bevor wir eine **Engstelle** passieren. Hier laufen wir weiter geradeaus und folgen dem nun breiter werdenden Weg Nr. 4 bergauf. Nach ca. 30 Minuten haben wir den höchsten Punkt erreicht und können uns an einer **Bank** etwas ausruhen. Hier beginnt wieder ein **breiter Fahrweg,** der angenehm **bergab verläuft.** Nach kurzer Zeit stoßen wir auf den herrlichen Fichtenbestand, wandern geradeaus und folgen dem Fahrweg nach **links zum Parkplatz.**

Die Totenkopfhütte bietet einen sehr schönen Spielplatz mit Kletterwand für die etwas Größeren und eine schönen Sandkasten. In der Hütte befinden sich auch eine Wickelmöglichkeit sowie zahlreiche Hochstühle.

Auf der B39 Lambrecht Richtung Kaiserslautern, biegen wir nach Lambrecht links Richtung Elmstein ab. Wir folgen immer der Straße L499 bis wir die Ortschaft Breitenstein erreicht haben. In Breitenstein biegen wir links Richtung Kalmit/Maikammer auf die L514 ab. An der Totenkopfhütte angekommen, fahren wir nach der Hütte links auf den ausgeschilderten Parkplatz. Die Anfahrt über Maikammer oder St. Martin an der Weinstraße ist ebenfalls möglich.
GPS: 49.321819 8.049543 | 67487 Maikammer, L514

Es bieten sich zwei Möglichkeiten zur Einkehr: die Totenkopfhütte und die Hellerhütte.

9

Tourlänge 4 km **Dauer** 1 Stunde **Steigung** 48 m **Gefälle** 89 m
Kinderwagentyp drei- oder vierrädrig

Zum Luitpoldsturm in Hermersbergerhof

Spaziergang zum schönsten Aussichtspunkt im Pfälzerwald

Der Spaziergang beginnt am Parkplatz am Luitpoldstein. Dort befinden sich zwei schöne Sitzgruppen. Der Weg zum Turm ist gut ausgeschildert und wir folgen der **grün-weißen Markierung** auf der geteerten Straße. Nun laufen wir 500 m geradeaus und erreichen nach 10 Minuten den **Luitpoldsturm.** Dieser atemberaubende Aussichtspunkt wurde am 19.07.1908 vom Pfälzerwald-Verein erbaut und liegt auf einer Höhe von 610 m. Er ist 34,6 Meter hoch und es gilt, 164 Stufen zu bewältigen, um die Aussichtsplattform zu erreichen.

Für den Erhalt des Turmes setzt sich ein eigens gegründeter Verein seit 2007 ein. Oben angekommen, hat man einen der schönsten Rundumblicke über den Pfälzerwald. Man kann bei gutem Wetter den Trifels, die Kalmit, Pirmasens, Bexbach im Saarland, das Elsass sowie den höchsten Berg der Pfalz, den Donnersberg, bestaunen. Unten befindet sich ein romantischer, aus Sandsteinen gefertigter Aufenthaltsraum, der zur Rast einlädt. Anschließend nehmen wir den gleichen Weg zurück zum **Parkplatz** und können uns nun entscheiden, ob wir auf der Straße bis zum Hermersbergerhof laufen oder der **weiß-grünen Markierung** folgen. Die Straße ist für jeden Kinderwagen geeignet und durch das niedrige Verkehrsaufkommen angenehm zu laufen. Die Markierung führt uns über einen schmalen Pfad parallel zur Straße bis zum **Ortsschild Hermersbergerhof.** Die ersten Meter sind etwas steinig, aber machbar. Nach etwa 30 Minuten und 2,5 km sind wir am Ziel. Nach einer Einkehr und einer kleinen Stärkung nehmen wir den **gleichen Weg zurück** zum Parkplatz.

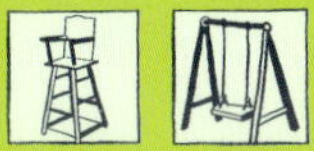

Unser Startpunkt ist der Parkplatz am Luitpoldstein. Diesen erreichen wir über Johanniskreuz, wo wir der B48 in Richtung Annweiler folgen. Nach kurzer Zeit verlassen wir die Bundesstraße und fahren an der abknickenden Vorfahrtstraße in Richtung Leimen. An der ersten möglichen Kreuzung ist der Hermersbergerhof ausgeschildert. Nach ca. 5 km haben wir den zweiten Parkplatz erreicht.
GPS: 49.252583 7.825656 | 76848 Wilgartswiesen, Kreisstraße 56

Landgasthof Luitpoldsturm, Café Ingrid
GPS: 49.27733 7.77688 | 66978 Leimen, Hauptstraße 66

Schuhhaus Otto Cronauer in Leimen mit großer Auswahl und familienfreundlichen Hauspreisen

10

Tourlänge 7,5 km **Dauer** 1 ½ Stunden **Steigung** 158 m **Gefälle** 190 m
Kinderwagentyp drei- oder vierrädrig

Rundwanderung um Hofstätten

Gemütliche Wanderung im einstigen Wintersportort

Wir beginnen die Tour in der Mitte von Hofstätten, gehen geradeaus Richtung Ortsende und kommen an mehreren Gaststätten (z. B. Zur Scheune) und an sehr schönen Ferienhäusern vorbei. An der **ersten Kreuzung** wählen wir den linken Waldweg, der uns durch einen dichten Fichtenwald führt. Nach einigen Metern steigt der Weg etwas an und stößt auf einen sehr gut ausgebauten und **geschotterten Weg,** dem wir bergauf und nach rechts folgen. Auf der Anhöhe, die als Sieben Buchen bezeichnet wird, überqueren wir die Kreuzung und nehmen den linken Fahrweg, der **unterhalb** einer **Schutzhütte** verläuft. Wir können uns auch an dem Hinweisschild auf das Annweiler Forsthaus orientieren. Der Fahrweg verläuft ohne nennenswerte Steigung und ist sehr angenehm zu bewältigen. Wir kommen an dem Brunnen **„Am Trögel"** aus dem Jahre 1906 vorbei, der uns eine kleine Erfrischung mit Quellwasser bietet. Wenn die Bäume ihr Blätterkleid abgelegt haben, können wir nach kurzer Zeit auf der gegenüberliegenden Anhöhe den

imposanten Luitpoldsturm erblicken. Nach ca. 4 km erreichen wir einen **Gedenkstein,** der an einen Rückerwettbewerb vor 200 Jahren erinnert und 1992 errichtet wurde. An dieser Wegekreuzung lädt auch eine herrliche **Sitzgruppe** zum Verweilen ein. Wir folgen nun für ca. 50 m dem linken Fahrweg, der bergab führt, verlassen diesen wieder und wählen den **linken breiten**

Waldpfad. Dieser führt uns fast eben durch einen wunderschönen jungen Buchenbaumbestand.

Nach kurzer Zeit stoßen wir direkt auf eine Wegekreuzung, die uns mehrere Möglichkeiten bietet. Man kann z. B. der grün-weißen Markierung und dem Fahrweg rechts bergab folgen, die uns in ca. 15 Minuten direkt zum Annweiler Forsthaus führen.

Wir möchten aber nach Hofstätten zurück und wandern an der Wegekreuzung auf dem **linken Fahrweg** mit dem Hinweisschild **„Hofstätten über Stangenhalde"** weiter. Nach weiteren 500 m folgen wir an einer unbeschilderten Wegegabelung dem linken Fahrweg angenehm bergauf. Da die Markierung in diesem Bereich in Gänze fehlt, **orientieren** wir uns an der **Telefonleitung,** die parallel zu unserem Weg verläuft. Nachdem die letzten Höhenmeter der Tour bewältigt sind, erreichen wir die Stangenhalde und folgen weiter der **Nummer 4** und der Telefonleitung **nach rechts** in einen Fichtenwald. Nach 6 km orientieren wir uns an der **roten Nr. 1,** die eine Nordic Walking Route markiert, gehen nach links und laufen bergab. Nach nur 400 m erreichen wir direkt die **Schutzhütte** und den markanten Handymast, den wir schon vom Beginn der Wanderung kennen. Ab hier wählen wir – analog zum Hinweg – **denselben Weg zurück** nach Hofstätten und freuen uns auf eine gemütliche Einkehr. In der kleinen Ortschaft gibt es drei Gaststätten. Zum einen die Hausbrauerei Zur Scheune, das Lokal Müllers Lust, und Das alte Forsthaus. Der Wirt der Hausbrauerei erfreut durch Musizieren, ebenso erhält man in der Scheune leckeren selbstgebackenen Kuchen. Das Lokal Müllers Lust besticht durch einen herrlichen Biergarten.

Von Landau kommend folgt man der B10 in Richtung Pirmasens. Nach kurzer Zeit biegt man rechts ab auf die B48 in Richtung Johanniskreuz. Um Hofstätten zu erreichen, folgt man der Beschilderung nach links und verlässt die B48.
GPS: 49.280124 7.861143 | 76848 Wilgartswiesen, Ortsstraße 33

die Lokale Zur Scheune, Müllers Lust und Das alte Forsthaus

11

Tourlänge 3,5 km **Dauer** 1 Stunde **Steigung** 55 m **Gefälle** 108 m
Kinderwagentyp drei- oder vierrädrig (Variante: alle)

Rundwanderung auf dem Donnersberg

Auf den Spuren der Kelten

Der gemütliche Spaziergang beginnt an der Übersichtstafel am Wanderparkplatz. Wir folgen dem geteerten Weg zum **Königsstuhl,** den wir nach 900 m erreicht haben. Auf diesem Weg kommen wir an mehreren sehr imposanten Sendemasten vorbei. Am Königsstuhl liefert uns eine Informationstafel viel Wissen über die Entstehung des Donnersbergs. Man kann den Kinderwagen abstellen, um für die letzten 20 m den Königsstuhl zu erklimmen. Hier fasziniert uns der Blick in den Pfälzerwald und in die Westpfalz. Nun wandern wir auf dem schmalen Weg nach links für ca. 40 m zurück, bevor wir dem **Keltenwegsymbol** in einen schmalen Pfad nach **links bergab** folgen. Für kurze Zeit begleitet uns der ehemalige Ringwall. Gleich darauf kommen wir an einen **Schotterweg** und folgen diesem nach rechts. Nun wandern wir immer geradeaus, bis wir unterhalb der **Gaststätte** sind. An der zweiten Möglichkeit biegen wir links ab und folgen dem **weißen Kreuz.** An der Straße (K82) angekommen überqueren wir diese und folgen dem Pfad und der Mar-

„Auf dem höchsten Gipfel der Pfalz."

kierung. Wir treffen erneut auf eine **Straße, die K51,** welche wir ebenfalls überqueren. Nach nur 100 m biegen wir mit dem **Fahrweg rechts** ab. Auf diesem bleiben wir, denn er führt uns direkt zum Ausgangspunkt zurück.

Variante

Am Königsstuhl bietet sich eine Alternative an. Wir wählen den **linken Forstweg,** der parallel zum Hinweg verläuft. Am Parkplatz haben wir die Möglichkeit, der Kultur der Kelten noch einmal näher zu kommen. Wir überqueren ihn geradeaus und folgen der Beschilderung zum **Hirtenfelsen.** Kurz nach dem Parkplatz können wir den Nachbau eines Teilstückes des ehemaligen Keltischen Ringwalls bestaunen. Anschließend laufen wir auf der **geteerten Straße** weiter und haben nach knapp 1 km den **Hirtenfels** erreicht. Der Rückweg verläuft analog zum Hinweg. Nun bietet sich noch der direkt vor uns liegende Ludwigsturm zur Besichtigung an. Der Aufstieg zum Turm lohnt sich und die Mühen werden mit einer grandiosen Aussicht über die Pfalz belohnt.

Im Winter ist diese Tour sehr zu empfehlen, da man auf der höchsten Erhebung in der Pfalz große Chancen auf Schnee hat. Man kann diese Tour auch mit einem Schlitten bewältigen.

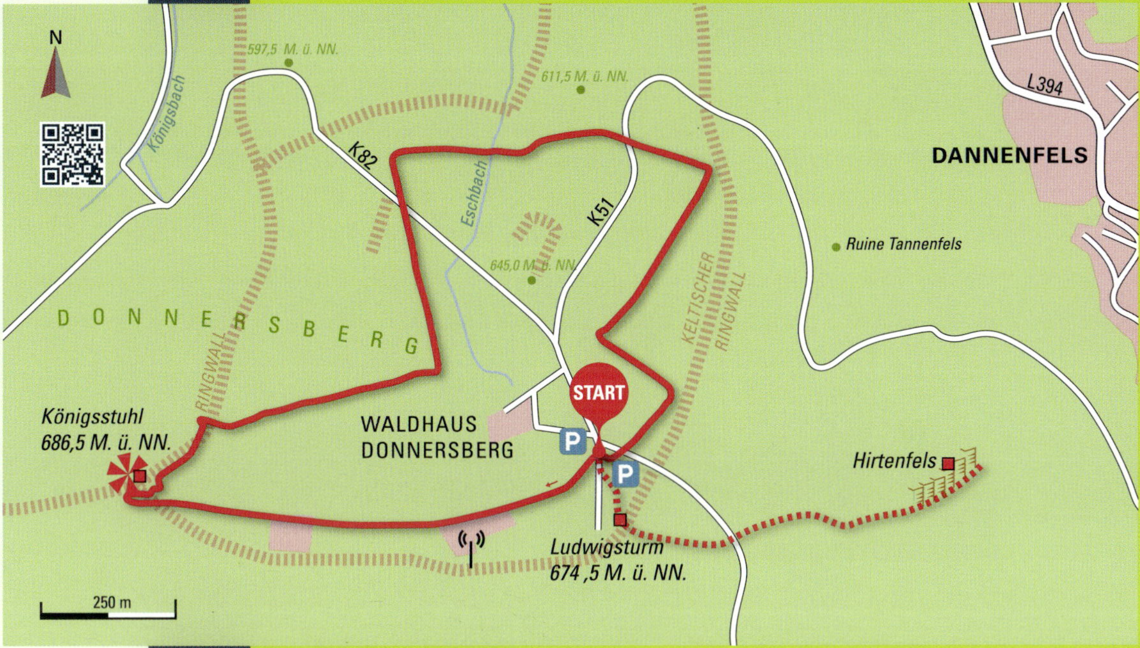

Von der A63 kommend folgen wir nach der Ausfahrt der Beschilderung in Richtung Dannenfels. Wir durchfahren die Ortschaft Dannenfels und folgen der Beschilderung zum Bastenhaus. Direkt am Bastenhaus biegen wir links ab und fahren hinauf zum Parkplatz am Gasthaus Donnersberg. GPS: 49.62501 7.94466 | 67814 Dannenfels, Donnersbergstraße 1

Gasthaus Donnersberg

Keltendorf in Steinbach am Donnersberg

12

Tourlänge 6,1 km **Dauer** 1 ½ Stunden **Steigung** 190 m **Gefälle** 188 m
Kinderwagentyp drei- oder vierrädrig

Zum Naturfreunde-haus in Elmstein

Kuckuckswanderung im Herzen des Pfälzerwaldes

Wir starten unsere Wanderung am Bahnhof in Elmstein und folgen der Bahnhofstraße, gehen vorbei am Bahnhofsgebäude und der **Minigolfanlage,** bis uns das Hinweisschild **„Naturfreundehaus Harzofen"** den Weg nach rechts weist. Wir überqueren den Speyerbach, entscheiden uns vor dem Spielplatz für den rechten Weg und laufen bis zur Hauptstraße am Speyerbach entlang. Dort angekommen überqueren wir diese nach rechts und biegen gleich in eine **geteerte Straße** ein, die uns **bergauf** führt. Nun beginnt der Anstieg bis zum höchsten Punkt, der bei 340 m liegt. Nach ca. 400 m endet die Straße und wir folgen dem gut ausgebauten und **geschotterten Fahrweg** weiter geradeaus. Wichtig an dieser Stelle ist, dass wir nicht den Hinweisschildern folgen, denn dieser Weg ist für Kinderwagen nicht geeignet. Nun stoßen wir auf eine **T-Kreuzung** und wählen den linken Weg (siehe Hinweisschild Nr. 2 Nordic Walking Route). Nach 200 m biegen wir scharf nach rechts ab und haben nach 1,4 km den höchsten Punkt der Tour erreicht. An dieser **Wegekreuzung** lädt uns der rechte Fahrweg ein, ihm zu folgen. Er führt uns angenehm bergab. Es geht vorbei an einer kleinen Herde von Kühen, die hier gemütlich grasen, bevor wir in 300 m scharf nach links abbiegen. Nach kurzer Zeit sehen wir rechts von uns den **Ortsteil Appenthal.** Der Fahrweg führt durch mehrere Christbaumfelder, die vor Weihnachten die Möglichkeit bieten, den Weihnachtsbaum selbst auszusuchen und zu schlagen. Nach 2,27 km biegen wir scharf nach rechts ab und folgen dem **stark abfallenden Weg.** Ein schmaler Pfad rechts von uns lädt uns ein, ihm zu folgen. Nach wenigen Metern kehren wir im **Naturfreundehaus Harzofen** ein. Nun freuen wir uns auf die gute Pfälzer Küche, die nach 2,6 km und ca. 45 Minuten Gehzeit unseren Hunger stillt. Das Naturfreundehaus bietet Pfälzer Küche, eine schöne Terrasse und einen herrlichen Spielplatz für Kinder. Im Sommer wird an den Tagen, an denen das „Kuckucksbähnel" zwischen Neustadt und Elmstein verkehrt, im Freien gegrillt.

Für den Rückweg gehen wir am Spielplatz und am Grillplatz entlang, und wählen den rechten Weg, der uns auf einer Länge von 300 m bergauf führt. An der **Wegegabelung** entscheiden wir uns für den **linken Fahrweg,** der angenehm bergab verläuft. Nach insgesamt 3,5 km gelangen wir an eine **Wegekreuzung.**

Hier bietet sich eine Alternative an. An dieser Stelle kann man einen kleinen Abstecher nach links unternehmen und ca. 500 m bergab, dem Weg weiter folgend, über die Ortschaft Appenthal zu unserem Ausgangspunkt wandern. Ein Spielplatz lockt hier größere Geschwisterkinder. Ebenso können ein Holzbackofen und ein nachgebauter Harzofen bestaunt werden.

Wir wählen allerdings den **rechten Fahrweg** und haben nun den letzten Anstieg der Wanderung vor uns. Nach 4,06 km ist es geschafft – wir sind am **Elmsteiner Fernsehturm** auf einer Höhe von 290 m angekommen. Wir umrunden die Bergkuppe und folgen dem sogenannten Sonnenweg eben verlaufend geradeaus. Nach ca. 500 m können wir es uns auf einer gemütlichen Bank bequem machen und genießen eine herrliche Aussicht auf Elmstein und den höher gelegenen Ortsteil Schafhof. Markante Blickfänger sind die katholische Kirche und das auf einem Felsen stehende „Möllberger Häusel". Die Aussicht ist immer vorhanden, denn durch die über uns führende **Stromleitung** wird der Berghang regelmäßig freigelegt. Nach weiteren 400 m und bei einer Höhe von 310 m folgen wir dem **linken Fahrweg.** Nach weiteren 300 m biegen wir der gelben **Zahlenmarkierung Nr. 3 und 7** folgend scharf nach links ab. Dieser Weg verliert sehr rasch an Höhe und wir erkennen das Ende der Teerstraße vom Beginn der Tour. Ab diesem Punkt gehen wir den bekannten Weg zurück zum Bahnhof.

Unmittelbar in Elmstein hinter dem Bahnhof, der sehr gut ausgeschildert ist, sind zahlreiche Parkplätze zu finden.
GPS: 49.349644 7.942619 | 67471 Elmstein, Bahnhofstraße 69

In Elmstein befinden sich der Imbiss am Minigolfplatz, der kleine Speisen bietet, sowie das Café Kuckucksstübchen und das Meerspinnhäusel. Alle drei liegen unmittelbar neben dem Bahnhof. Im Ort gibt es noch zwei weitere Lokale, die am Bahnhofsvorplatz ausgeschildert sind.

Diese Tour lässt sich wunderbar mit der Fahrt mit einer Dampflokbahn verbinden. Das Kuckucksbähnel fährt ab Ostern bis ins Spätjahr alle zwei Wochen, sonntags und im Herbst auch mittwochs, vom Neustadter Hauptbahnhof ins Elmsteiner Tal zum Startpunkt. Aktuell hat die Museumsbahn extra einen Waggon für Kinderwagen und Fahrräder angeschafft.

13 **Tourlänge** 10 km **Dauer** 2 ½ Stunden **Steigung** 292 m **Gefälle** 304 m
Kinderwagentyp vierrädrig

Wanderung zum Treffnix bei Elmstein

Das Eldorado für Wanderer im Herzen des Pfälzerwaldes

Wir starten am Bürgermeisteramt in Elmstein und beginnen die Wanderung gleich gegenüber, der **Schankstraße** folgend, mit dem längsten Anstieg und einer Länge von ca. 900 m in Richtung Schafhof. Nach ca. 300 m halten wir uns links und gehen **steil aufwärts.** Der Anstieg dauert ca. 15 – 20 Minuten und der härteste Teil der Tour ist somit geschafft. Auf dem **Schafhof** biegen wir **gleich rechts** ab. Nach ca. 80 m entscheiden wir uns für den **linken unteren Fahrweg.** Wir kommen an einer Feriensiedlung vorbei, einer kleinen Oase im Pfälzerwald. In 600 m stoßen wir auf eine **geteerte Straße,** der wir rechts den Berg hinauf folgen. Nun gelangen wir an eine **Wegekreuzung** und wählen den linken gut ausgebauten Fahrweg in **Richtung Stamminger Brunnen,** auf den wir nach ca. 2 km treffen. Eine Sitzgruppe lädt hier zum Verschnaufen ein. Wir lassen uns Zeit und genießen das Plätschern des Wassers. Unsere Wanderung setzen wir auf dem **Fahrweg** fort und **folgen einer Linkskurve,** die Richtung Iggelbach führt. Dieser Weg wurde im Rahmen des neuen Zipline Parks neu geschoben und ausgebessert. Nachdem wir durch einen herrlichen alten Buchenbestand gewandert sind, entdecken wir die ersten sehr beeindruckenden Seile und Podeste der neuen Attraktion in Iggelbach. Wir können uns die Anlage, die links und rechts am Weg liegt, genauer anschauen. Diese fügt sich sehr gut in die Landschaft ein und wir haben Spaß daran, wagemutige „Zipliner“

zu beobachten. Nach ca. 25 Minuten verlassen wir den Wald und stoßen direkt auf die Tennisplätze und den Sammelpunkt der Zipline Anlage. An dieser Stelle kann eine Einkehr ins Sportheim des SV Iggelbach eingeplant werden. Die gute regionale Küche ist mit Kindern sehr empfehlenswert. Nach einer Stärkung lassen wir die Tennisplätze und den Sportplatz links liegen und bleiben auf dem Fahrweg, der uns direkt in den Ortsteil von Elmstein bringt. Das kleine Örtchen liegt auf einem schönen Hochplateau. Am Ortseingang können wir unsere Blicke über die Häuser schweifen lassen und an **einer Sitzgruppe** die Aussicht genießen.

Wir folgen der Straße bergab nach links und wandern auf eine Kreuzung zu, die wir nun überqueren. Nach dem Passieren eines **Neubaugebietes** verlassen wir den asphaltierten Weg und laufen immer geradeaus. Der gut ausgebaute Weg steigt nun langsam aber stetig an und bringt uns direkt zum **Treffnix.** Zu Beginn offenbart sich uns ein Blick auf Wiesen, das Dorf und den Pfälzerwald, ehe wir in einen Mischwald gelangen und unserem Ziel, einem beliebten Treffpunkt für Jung und Alt immer näher kommen. Im Sommer findet hier alljährlich ein ökumenischer Waldgottesdienst mit einer Vielzahl von Besuchern statt.

Der Rückweg bietet uns eine exzellente Beschilderung, die uns die Streckenlänge von 1,5 km und die **gelb-weiße Balkenmarkierung** nach Elmstein zum Parkplatz verrät. Sie weist uns den Weg nach links. Dieser führt uns zu Beginn auf einen gut ausgebauten Schotterweg. Nach ca. 400 m verlässt die Markierung den Weg nach rechts und mündet in einen **schmalen Wanderweg.** Nun beginnt der Abstieg in Richtung Elmstein, indem wir uns in ca. 400 m wieder für einen breiten Fahrweg entscheiden, in den wir rechts einbiegen. Diesem folgen wir ca. 100 m. Die **Balkenmarkierung** zeigt uns den Weg talwärts nach links, dem wir immer geradeaus folgen. Der Markierung folgend biegen wir dann links ab und laufen immer geradeaus.

Nach ca. 10 Minuten Abstieg auf einem **schmalen Wanderweg** verlassen wir den Wald immer der Markierung folgend und werden mit einem herrlichen Blick auf Elmstein und seine Burgruine belohnt. Eine sehr **schöne Sitzgruppe** lädt uns zur letzten Rast der Wanderung ein, bevor wir unser Auto erreichen. Der Weg führt uns direkt auf eine Straße, welcher wir ca. 800 m geradeaus bergab folgen. Der Kreis schließt sich, wenn wir mitten durch den Ort wandern und automatisch unseren Startpunkt erreichen.

Startpunkt der Tour ist die Bahnhofstraße direkt am Bürgermeisteramt in Elmstein.
GPS: 49.35068 7.9369 | 67471 Elmstein, Bahnhofstraße 14

In Iggelbach gibt es drei Lokalitäten, die sich im Ort befinden. In Elmstein gibt es ein Café und zwei Gaststätten. Wir empfehlen das Sportheim in Iggelbach. An diesem wandern wir direkt vorbei. Ein Hochstuhl und Spielplatz sind vorhanden.

Alte Samenklenge – Haus der Forst- und Waldgeschichte,
das Elmsteiner Waldarbeitsmuseum, Minigolf und Pit-Pat Anlage,
Bahnhof des Kuckucksbähnels
Der neue Zipline Park lädt natürlich zu einem Besuch ein. Informationen zu dem Park findet man unter: zipline-elmstein.de

14 **Tourlänge** 5,5 km **Dauer** 1 ½ Stunden **Steigung** 104 m **Gefälle** 104 m
Kinderwagentyp alle

Vom Helmbachweiher ins Kohlbachtal

Stille genießen bei den Naturfreunden

Wir verlassen den Parkplatz und gehen rechts am **Helmbachweiher** vorbei. Nun lassen wir den Naturbadeweiher links hinter uns und stoßen direkt auf eine **Teerstraße,** der wir nach rechts folgen. Beanspruchten Beinen kann hier eine Abkühlung verschafft werden, indem man einen Abstecher in die **Kneipp-Anlage** unternimmt. Der Straße folgend laufen wir auf einem sehr gut ausgebauten **Forstweg** immer geradeaus und erreichen in knapp einer halben Stunde die schöne Pfälzerwald-Hütte.

Sie bietet im oberen Stockwerk einen Wickeltisch und herrliche Ruhe zum Stillen. Man sollte jedoch an der Theke den Weg erfragen, denn normalerweise dürfen nur Hausgäste ins obere Stockwerk. Die Hütte besitzt sogar einen Babykostwärmer und erweist sich als sehr familienfreundlich. Des Weiteren bietet sie einen herrlichen und großen Waldspielplatz sowie einen direkt angrenzenden

Bachlauf, der nicht nur größeren Geschwisterkindern an heißen Tagen eine Abkühlung ermöglicht.
Der Rückweg erfolgt über den gleichen Weg.

Variante

Wer offen für Abwechslung ist, kann als Alternative für den Rückweg den **linken Fahrweg,** der die ersten 15 Minuten **steil bergauf** verläuft, wählen. Diese Variante verläuft parallel zur Straße und zum Parkplatz. Nachdem das anstrengendste Stück der Passage gemeistert wurde, bleiben wir auf dem Fahrweg und verlieren langsam an Höhe. Nach einiger Zeit gelangen wir wieder auf den **Fahrweg** und laufen **denselben Weg zurück** zum Parkplatz.
Nun lädt der Badeweiher zum Schwimmen, Ausspannen und Genießen ein.

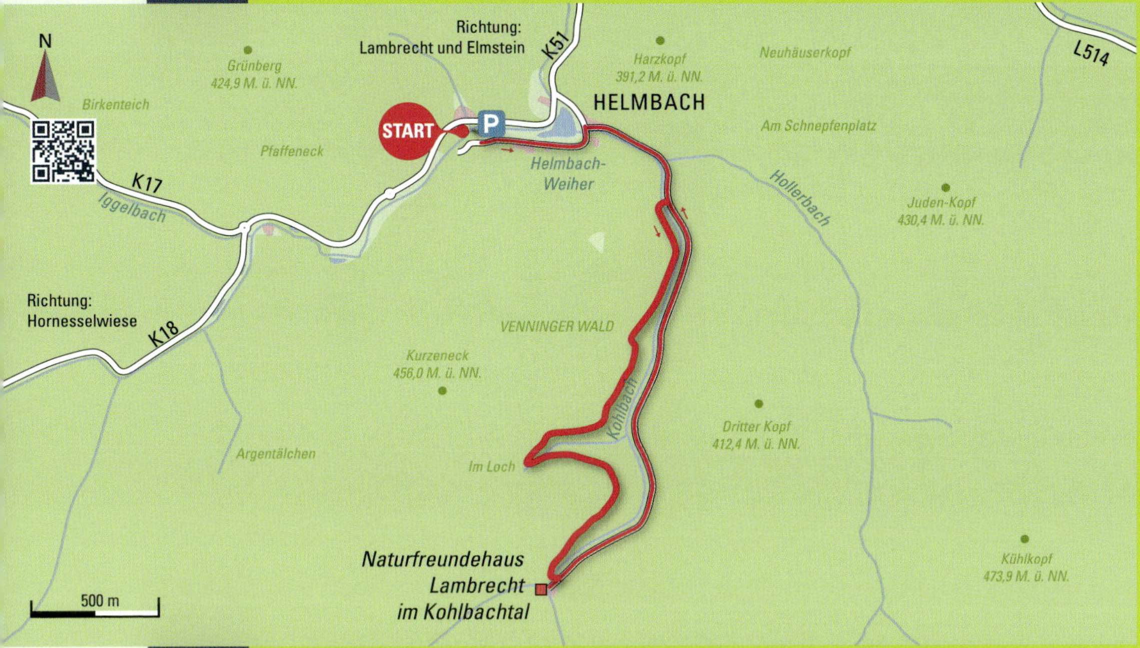

Bei Elmstein-Helmbach biegen wir über die Bahngleise ab und fahren in Richtung Iggelbach. Nach dem Badeweiher folgen wir der Parkplatzbeschilderung.
GPS: 49.333895 7.981245 | 67471 Helmbach, K51

Naturfreundehaus Kohlbachtal

Ausflug nach Elmstein, Stilles Tal, Burgruine Erfenstein, Weihnachtsmarkt im Kohlbachtal
Die Variante ist NICHT für Rollstuhlfahrer geeignet.

15 **Tourlänge** 18 km **Dauer** 5 Stunden **Steigung** 314 m **Gefälle** 331 m
Kinderwagentyp drei- oder vierrädig

Zum Forsthaus Heldenstein

Am idyllischen Bachlauf entlang hinauf zur Hochstraße im Pfälzerwald

Wir verlassen den Parkplatz und passieren eine Schranke. Nach dieser biegen wir links ab und haben einen herrlichen Blick auf den **Helmbachweiher.** Hier kann man auch die parallel verlaufende Holzbrücke nutzen, denn diese führt direkt über den Weiher wieder auf unseren Fahrweg zurück. Wenn wir dem Fahrweg weiter folgen, stoßen wir automatisch auf eine Schranke. Hier läuft man auf der Teerstraße nach rechts. Nach ca. 50 m kommen wir an einer **Kneipp-Anlage** vorbei, die im Sommer zu einer Abkühlung einlädt. Nun erkennen wir an dem Halteverbotsschild zum ersten Mal unsere **gelb-weiße Balkenmarkierung.** Dieser folgen wir nach ca. 400 m zwischen **zwei Weihern** hindurch und nehmen den linken unteren Fahrweg. Dieser führt uns die ganze Zeit an einem **Bach entlang,** was besonders an heißen Tagen im Sommer ein sehr angenehmes Klima verspricht und Kinderherzen höher schlagen lässt. Nach ca. 25 Minuten folgen wir dem geschotterten Weg und der Markierung geradeaus weiter. Bei der nächsten Weggabelung verlassen wir den geschotterten Weg, halten uns links **(am Punkt Nr. 65a)** und laufen am Bachbett entlang weiter. Nach 4 km folgen wir der Markierung abermals nach links und **überqueren den Bach,** welcher nun für kurze Zeit rechts von uns ist. Eine Rast erscheint hier sehr kurzweilig, denn das Plätschern des Wassers lässt uns den Alltag vergessen. Nun beginnt der **steilste Anstieg** der Wanderung mit 500 m Länge. Nachdem wir diese Mühe hinter uns gebracht haben, biegen wir an der **Kreuzung links** ab. Nach ca. 6 km folgen wir dem **Forstweg** nach rechts und gehen in angenehmer Steigung bergauf. Dieser führt uns, bis wir auf einer **Straße** angekommen sind. Wir biegen rechts ab und laufen über die Straße zum **Forsthaus Heldenstein.** (Die Markierung zeigt uns bei 5,5 km eine Variante über einen kleinen Pfad nach rechts auf, von wo aus ein Weiterkommen mit dem Kinderwagen sehr beschwerlich ist!) Das Zwischenziel der Tour liegt auf einer Höhe von ca. 460 m und wir haben in ca. 1,5 Stunden 7,5 km zurückgelegt.

Am idyllisch gelegenen Forsthaus lässt es sich gut verweilen, denn das Forsthaus Heldenstein bietet eine Vielzahl von Gerichten. Die Preise sind im Vergleich sehr günstig; die Qualität ist ebenfalls sehr gut. Die Betreiber sind sehr kinderfreundlich, denn es stehen mehrere Hochstühle sowie ein Wickeltisch zur Verfügung. Wir waren an einem gut besuchten Sonntag zu Gast, die Kinderportion und unser Essen wurde aufgrund unserer Tochter vorgezogen. Des Weiteren bietet das Forsthaus auch drei sehr schöne und neu eingerichtete Ferienwohnungen an. Im Sommer kann man auf einer schönen Terrasse Platz nehmen und bei einem verdienten Glas Wein und einem typischen Pfälzer Gericht das gute Wetter genießen.

Für den **Rückweg** wählen wir den Weg zum Naturfreundehaus Kohlbachtal, welcher mäßig abfällt und eine sehr angenehme Schiebestrecke darstellt. Wir folgen der Markierung **rotes Kreuz** in Richtung Taubensuhl. Hier bleiben wir allerdings auf dem **Fahrweg** (nicht der Markierung nach links folgen), auch **Hochstraße** genannt, der in 3 km eben zur **Wegekreuzung Rambergerhohl** führt. Dieser Wanderweg vermittelt einem tatsächlich den Eindruck, man wandere auf den Höhen des Pfälzerwaldes.

An dieser **Kreuzung** angekommen biegen rechts ab. Hier folgen wir

nun auch der neuen Markierung **(grün-blauer Balken)** und sehen in ca. 300 m Entfernung eine herrliche **Sitzgruppe.** Hier besteht noch einmal die Möglichkeit zu verweilen und die Höhenluft zu genießen. Wir halten uns rechts und folgen der Markierung leicht bergab. Nach 700 m stoßen wir auf eine **T-Kreuzung,** welche wir geradeaus überqueren. Nun wandern wir einen **schmalen Pfad** entlang, der uns durch einen dichten, schattigen Fichtenwald führt. Eine kurze **Tragepassage von ca. 3 m** am Ende des Pfades ist erforderlich. Hier fällt uns auch wieder die grün-blaue Balkenmarkierung ins Auge. Wir folgen dem **Fahrweg** und halten uns rechts (s. auch Nr. 63). Kurz darauf erkennen wir das Schild **Rambergerhohl,** welches wir rechts liegen lassen und den linken Fahrweg wählen. Dieser führt uns ca. 3 km weiter bergab, bis wir an einen gut ausgebauten und geschotterten Fahrweg kommen. Sollte man das **Naturfreundehaus** besuchen wollen, biegt man hier links ab und nimmt einen lohnenden Umweg von ca. 5 Minuten in Kauf. Ansonsten biegen wir rechts ab und folgen der Markierung bis zum Helmbachweiher.

Im Sommer lädt dieser wunderschön gelegene Naturbadeweiher zu einer Abkühlung oder Verschnaufpause ein, bevor man den Nachhauseweg antritt.

Wir starten unsere Tour am Wanderparkplatz am Helmbachweiher. Diesen erreichen wir, indem wir kurz nach Lambrecht von Neustadt an der Weinstraße aus kommend (B39) nach links ins Elmsteiner Tal abbiegen. Nun folgen wir der L499, biegen links vor Helmbach über die Bahngleise ab und fahren in Richtung Iggelbach weiter. Nach dem Badeweiher folgen wir der Parkplatzbeschilderung.
GPS: 49.333895 7.981245 | 67471 Helmbach, K51

Forsthaus Heldenstein, Naturfreundehaus Kohlbachtal

Ausflug nach Elmstein, Stilles Tal, Burgruine Erfenstein, Weihnachtsmarkt im Kohlbachtal

16 **Tourlänge** 11 km **Dauer** 2 ¼ Stunden **Steigung** 189 m **Gefälle** 81 m
Kinderwagentyp drei- oder vierrädrig (Variante: alle)

Rundwanderung am Forsthaus Taubensuhl

Gemütliche Wanderung rund um den Bastenfels

Wir parken auf dem großen Wanderparkplatz hinter dem Forsthaus Taubensuhl. Der Straße folgend stoßen wir am Ende des Parkplatzes an eine **Übersichtstafel,** wo die verschiedenen Rundwanderungen dargestellt sind. Wir überqueren die Straße, folgen zunächst dem Weg mit der **Nummer 3** und biegen gleich links ab. Der Rundweg ist gut ausgeschildert und man muss lediglich nach 400 m darauf achten, dass wir den **Schotterweg verlassen** und geradeaus der Nummer 3 folgend weiter laufen. Nach ca. 40 Minuten und einer Strecke von 2,7 km erkennen wir links von uns die **Ortschaft Hofstätten.** Wir laufen den schmalen Pfad der Nr. 3. folgend weiter. Kurze Zeit später verlassen wir einen dichten Fichtenwald und laufen über die **Wegekreuzung** geradeaus weiter. Nun folgt ein kleiner Anstieg. Wir kön-

nen in weiter Ferne Motorengeräusche hören, denn wir wandern oberhalb des Wellbachtals. Auf der Höhe angekommen stoßen wir direkt auf einen sehr gut ausgebauten Fahrweg. Eine **Sitzgruppe** lädt am Tourmittelpunkt zum Rasten ein.

An dieser Stelle folgen wir nicht mehr der kinderwagenuntauglichen Markierung, sondern dem **ausgebauten Forstweg** geradeaus. Nach kurzer Zeit wechselt der Untergrund und lässt uns auf einer **geteerten Straße** weiter wandern. Die ehemalige Landstraße 505 bringt uns direkt zum Taubensuhl zurück. Wichtig ist dabei, dass man immer dem ausgebauten Forstweg bzw. der Straße folgt.

Variante

Als Alternative kann man vom Wanderparkplatz aus für ca. 100 m der Nr. 3 und dann der stillgelegten Landstraße 505 folgen. Die Straße ist für jeden Kinderwagen geeignet und, falls man es bis zum Ende und wieder zurück schafft, hat man eine Strecke von ca. 9 km zurückgelegt.

Der Taubensuhl bietet weiterhin einen sehr schönen und aufwendig gestalteten Waldlehrpfad an, so dass ältere Geschwister sich wunderbar austoben und den Wald erleben können.

Von Landau kommend folgen wir der B10 Landau Richtung Pirmasens und nehmen die Abfahrt Eußerthal / Ramberg / Dernbach. Wir fahren durch die Ortschaft Eußerthal und folgen der L505 sowie der Beschilderung zum Taubensuhl.
GPS: 49.2842567.915193 | 76857 Taubensuhl, Forsthaus 1

Forsthaus Taubensuhl

Annweiler am Trifels, der interaktive Waldlehrpfad auf dem Taubensuhl

17

Tourlänge 5,1 km **Dauer** 1 ½ Stunden **Kinderwagentyp** alle
Höhenmeter Es sind keine Höhenmeter zu bewältigen

Bei den Störchen in Leimersheim

Kleine Rundwanderung durch das Storchenparadies

Wir starten unsere gemütliche Wanderung in der **Horststraße** in Leimersheim und folgen dem geteerten Feldweg ins Naturschutzgebiet. Schon werden wir von Störchen begrüßt, die majestätisch ihre Runden drehen. Auf der linken Seite passieren wir eine **große Halle** und wandern geradeaus. Aufmerksame Beobachter können bei gutem Wetter die stattliche Stauferburg Trifels erkennen. Begleitet vom Zirpen der Grillen und Quaken der Frösche entdecken wir nach ca. 650 Metern rechts von uns einen **kleinen See** und haben die Möglichkeit, an einem schattigen Plätzchen eine Pause einzulegen. Nachdem uns im weiteren Verlauf der Wanderung zahlreiche, sehr hoch gewachsene Weiden Schatten spenden, **verlassen** wir **linkerhand den Teerweg** und biegen in einen **Feldweg** ein. An einem **markanten Baum mit Hochsitz** folgen wir dem Feldweg **nach links.** Hier haben wir einen

„Meister Adebar hautnah!"

Riesenspaß und beobachten Meister Adebar hautnah. Nachdem wir in 2,4 km ein **kleines Wäldchen** erreicht haben, führt uns ein **Feldweg nach rechts** zu einer Kreuzung, die es zu überqueren gilt. Im Folgenden stoßen wir auf einen gut **geschotterten Weg,** der wie ein Damm gebaut ist und uns **linkerhand** zurück nach Leimersheim bringt.

Zurück am Ortsrand lädt uns eine **gemütliche Bank** zu einer kleinen Pause ein. Wir wählen nicht den Feldweg in Ortsrandlage, sondern entscheiden uns für die Straße. Diese führt uns an einem Storchennest, das sich links von uns zeigt, vorbei. Wir wandern weiter, lassen eine **Transportfirma rechts liegen** und erreichen den **Friedhof.** Die Straße führt uns nach links und wir passieren einen **Gedenkstein.** Kurz danach biegen wir links in die **Propeistraße** ab und wandern gleich rechts in die **Gartenstraße.** Diese bringt uns direkt zu unserem Startpunkt. Nach 5 km haben wir wieder unseren Ausganspunkt erreicht.

Wir verlassen die B9 an der Ausfahrt Rülzheim Süd / Kuhardt / Leimersheim. Anschließend folgen wir der L 553 bis nach Leimersheim. Im Ort fahren wir nach links in Richtung Fähre, die sehr gut ausgeschildert ist. An einer scharfen Rechtskurve, Ecke Friedhofstraße, biegen wir links und danach gleich wieder rechts in die Horststraße ab. Am Ende der Straße können wir parken.
GPS: 49.12776 8.34855 | 76774 Leimersheim, Horststraße 12

Leimersheim bietet verschiedene Möglichkeiten zum Essen. Das Restaurant Müllers in der Rheinstraße ist sehr kinderfreundlich. Des Weiteren gibt es noch die Fischerstube Leimersheim und das Colosseo in der Unteren Hauptstraße.

18

Tourlänge 8,5 km **Dauer** 2 Stunden **Steigung** 7 m **Gefälle** 8 m
Kinderwagentyp alle

Ausflug zur Bienwaldmühle

Grenznahe Wanderung durch den Bienwald

Am Parkplatz starten wir, laufen am **Sportplatz** vorbei und folgen der Teerstraße, die den Namen **Seufzerallee** trägt. Linkerhand passieren wir den Forsthof sowie das ehemalige Zollhäuschen. Nun finden wir uns in einem alten Eichenbestand wieder und wandern auf dem Forstweg immer geradeaus. An der **zweiten Wegekreuzung** angekommen, stoßen wir nach 1,8 km direkt auf den von rechts kommenden **Heßbach.** An dieser Stelle biegen wir dem **Forstweg folgend** nach rechts ab und laufen an einem Rinnsal, das links von uns liegt, ca. 500 m entlang. Nun haben wir den **Hauptweg** erreicht, biegen links ab und folgen dem gut ausgebauten Forstweg, der allem Anblick nach endlos erscheint, sowie der Markierung **weißer Balken mit schwarzem Punkt** geradeaus.

Nach ca. 1,3 km überqueren wir eine **Straße (K23).** Hier erkennen wir wieder unsere Markierung, die uns geradeaus führt. Nach ca. 3,5 km knickt der Fahrweg leicht nach rechts ab. An dieser Stelle verlassen wir ihn und folgen einem **schmalen, weichen Wanderpfad** sowie der Markierung nach links. Vom Duft des Waldes begleitet, bringt uns der Pfad nach ca. 700 m direkt auf die **Bienwaldmühler Straße.** Nun erkennen wir den Waldgasthof Bienwaldmühle, wo wir einkehren werden. Der Rückweg verläuft analog zum Hinweg.

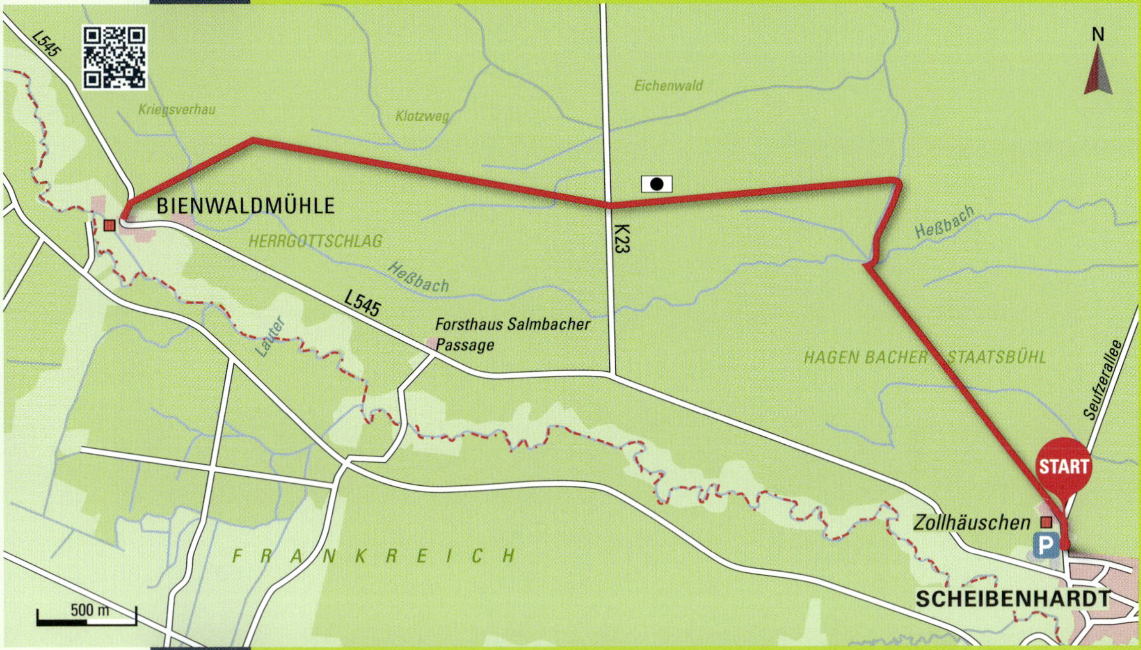

Die Anfahrt erfolgt über die Autobahn A65 von Landau kommend. An der Autobahnausfahrt Kandel Süd und B9 Lauterburg verlassen wir diese und fahren weiter in Richtung Lauterburg. Kurz vor der Grenze folgen wir der Beschilderung Richtung Scheibenhard nach links. Am Ortsausgang von Scheibenhard biegen wir rechts ab und parken am Sportplatz.
GPS: 48.984397 8.13601 | 76779 Scheibenhardt, Maxstraße 50 (als Anhalt)

Waldgasthof Bienwaldmühle

Die Bienwaldmühle wurde urkundlich erstmals im Jahre 1152 erwähnt. Unter der Woche und samstags ist in der Mühle ein Verkaufsladen eingerichtet, in dem man Getreide und Naturprodukte erwerben kann.

19

Tourlänge 7,5 km **Dauer** 3 Stunden **Steigung** 214 m **Gefälle** 228 m
Kinderwagentyp drei- oder vierrädrig

Rundwanderung bei der Burg Landeck

Burg Landeck, Marthaquelle, Heidenschuh und Ruine Schlössel

Wir beginnen die Tour indem wir, vom Parkplatz aus gesehen, den **rechten** mäßig ansteigenden **Fahrweg** wählen. An diesem Startpunkt darf man sich nicht von der Markierungsvielfalt beeinflussen lassen. Da wir an die Kinderwagentauglichkeit zu denken haben, wählen wir zunächst den Weg ohne Markierung. Nach 250 m folgen wir dem **Fahrweg nach rechts** und laufen weiter bergauf. An der nächsten **Kreuzung** entscheiden wir uns für den mittleren Fahrweg, der leicht nach rechts verläuft. Nach 1,2 km bleiben wir auf dem Fahrweg und ignorieren den markierten schmalen Pfad, der links abzweigt. Nach 1,68 km der Tour weckt der Wegweiser zur **Marthaquelle** unsere Neugier, daher folgen wir weiterhin dem rechten Fahrweg. Nach 400 m kann man der Markierung folgend den Fahrweg verlassen und einen Abstecher zur besagten Quelle unternehmen, die mit Sitzgelegenheiten und Tischen zum Verweilen einlädt. Möchte man diesen kurzen Umweg nicht wagen, geht man den Fahrweg weiter geradeaus, der mit dem Kinderwagen auch angenehmer zu bewältigen ist. Dieser steigt nun weiter an und wir laufen immer geradeaus. Unsere Markierung zum Martinsturm und das weiße Dreieck weisen nach der Quelle nach links in einen schmalen und stark ansteigenden Pfad. Falls man eine kleine Tragepassage in Kauf nehmen möchte, kann man ihr an dieser Stelle durchaus folgen. Wir **bleiben** allerdings auf dem **Fahrweg** und biegen nach insgesamt 2,95 km an der **ersten Abzweigung** scharf nach links ab. Nun folgt ein kleiner, ca. 400 m langer und sehr anspruchsvoller Anstieg, der uns direkt auf den markierten Weg zurück bringt.

Dort angekommen kann man einen kurzen Abstecher zum **Martinsturm** unternehmen. Hierzu biegt man links ab und sieht kurze Zeit später die Beschilderung zum Martinsturm. Dieser ist immer geöffnet und bietet bei schönem Wetter eine wunderschöne Rundumsicht. Die Strecke ist mit 1,2 km Hin- und Rückweg durchaus lohnenswert und mit dem Kinderwagen gut machbar.

Falls man sich den Anstieg zum Martinsturm sparen möchte, biegt man an der **Kreuzung nach rechts** ab und folgt weiter der **Markierung** mit der **Nr. 6.** Wir genießen nun einen sehr kurzen Abstieg, bevor wir der Beschilderung zum Heidenschuh und der **Markierung** mit dem **grünen Dreieck** nach rechts folgen und ein kurzes Stück bergauf wandern. Links von uns können wir die **Burg Trifels** und die Ortschaft **Waldhambach** erkennen. Nach 3,9 km und auf einer Höhe von 455 m haben wir den **Heidenschuh** erreicht. Eine Hinweistafel informiert uns über die historischen Fakten. Wir folgen nun weiter der Markierung und erreichen nach kurzer Zeit einen herrlichen Aussichtspunkt mit Blick auf die Eichenhöhe, den Pfaffenberg, die Ortschaft Waldhambach und auf die Madenburg.

Unser Abstieg führt uns über einen recht steinigen Pfad – Neugeborene sollten hier ab und an aus dem Wagen genommen werden. Wir folgen weiterhin der Markierung sowie der Nummer 6. Nach 4,87 km ist die **Burgruine Schlössel** gut ausgeschildert und nach 400 Metern kann sie besichtigt werden. Die **Markierung Nr. 6** führt weiterhin bergab, wir verlieren auf dem recht steinigen Weg rasch an Höhe und haben nach einiger Zeit 10 Sandsteinstufen zu bewältigen, was allerdings gut machbar ist. Nach 600 m sehen wir den **Magdalenenhof** vor uns und erreichen die Zufahrtstraße zur Ruine Landeck, die uns wieder zurück zur Burg bringt. Dort lässt sich gut das Ende der Wanderung beschließen, denn die zahlreichen Sitzgruppen im Burghof locken mit herrlicher Aussicht und gutem Essen.

Der Startpunkt unserer Wanderung ist der Parkplatz vor der Burg. Diesen erreichen wir von Neustadt an der Weinstraße kommend, indem wir über die A65 in Richtung Karlsruhe fahren und die A65 bei der Abfahrt Landau Süd verlassen. Wir fahren weiter auf der Bundesstraße in Richtung Bad Bergzabern. Ab der Ortschaft Heuchelheim ist die Burg Landeck sehr gut ausgeschildert.
GPS: 49.141804 8.008416 | 76889 Klingenmünster, Obere Hofwiese

Gaststätte auf der Burg Landeck

Altstadt von Bad Bergzabern, Abstecher zum Deutschen Weintor in Schweigen-Rechtenbach

20 **Tourlänge** 2,5 km **Dauer** 40 Minuten **Steigung** 91 m **Gefälle** 92 m
Kinderwagentyp alle

Rundwanderung um die Madenburg

Spaziergang zum schönsten Aussichtspunkt an der Südlichen Weinstraße

Wir starten den Spaziergang am Wanderparkplatz unterhalb der Madenburg und folgen der Markierung des Pfälzer Weinsteiges (rot/weiß) und dem weißen Balken mit schwarzem Punkt. Kurz nach dem **Wanderparkplatz** führt uns die Markierung in den **Fahrweg nach links,** welchem wir bis zur Madenburg folgen. An dieser Abzweigung ist auch ein **Einbahnstraßenschild** zu finden. Der Weg ist mit jedem Kinderwagen befahrbar. Nach ca. 25 Minuten Anstieg haben wir die Burg erreicht, die von April bis Oktober von 10.30 Uhr bis 20.00 Uhr geöffnet ist. Sie wurde im Jahre 1167 n. Chr. erstmals urkundlich erwähnt und im Jahre 1689 zerstört. Ein Eingang, der von einem herrlichen Sandsteinbogen eingefasst wird, lädt uns ins Burginnere ein. Hier locken viele Sitzgruppen mit herrlicher Fernsicht. Bei klarem Wetter erinnert der Ausblick an ein akkurat gemaltes Bild, das Eschbach und die umliegenden Wein-

dörfer in einem leicht hügeligen Rebenmeer widerspiegelt. In der Burgschänke kann man sich ausreichend stärken und ein Gläschen Wein lädt zum Genießen des schönen Anblicks ein.

Für den **Rückweg** wählen wir den **linken Fahrweg,** der vor der Burg bergab verläuft. Nach kurzer Zeit kann man das Klinikum in Klingenmünster und den **Steinbruch** von Waldhambach entdecken. Nach angenehmen 20 Minuten Gehzeit haben wir den Ausgangspunkt wieder erreicht.

Variante

Die Wanderung kann auch am Sportplatz in Eschbach, welcher neben der Zufahrtsstraße zur Madenburg liegt, begonnen werden. Vom Sportplatz aus folgen wir immer der geteerten Waldstraße zum Wanderparkplatz unterhalb der Burg. Die Länge beträgt 6 km; die Wanderzeit liegt bei 1 ½ Stunden.

Von Neustadt aus kommend fährt man über die A65 und wechselt bei Landau auf die B9 in Richtung Pirmasens, die man an der Abfahrt Siebeldingen/Leinsweiler verlässt. Nun folgen wir der Deutschen Weinstraße bis nach Eschbach. In Eschbach ist die Madenburg sehr gut ausgeschildert.
GPS: 49.175093 8.017336 | 76831 Eschbach, Löwenthal
(als Anhalt und immer der Straße weiter folgen.)

die Burgschänke, zahlreiche Lokale und Straußwirtschaften in Eschbach

21 **Tourlänge** 12,5 km **Dauer** 4 Stunden **Steigung** 304 m **Gefälle** 378 m
Kinderwagentyp drei- oder vierrädrig (Variante I und II: alle)

Von Gleisweiler zur Trifelsblickhütte

Abwechslungsreiche Wanderung zur Burgruine Neuscharfeneck und vorbei an fantastischen Gestalten zum Trifelsblick

Wir starten die Tour, indem wir der Weintraubenmarkierung nach links in Richtung Frankweiler folgen. Der Weg ähnelt einer Allee und bietet uns einen herrlichen Blick über die pfälzische Toskana, wie die Gegend in der Südpfalz liebevoll bezeichnet wird. Am Parkplatz befinden sich Hinweistafeln, welche den Weg beschreiben. In Höhe der ersten Häuser führt uns der schmale Wanderweg auf eine **rot-weiß Markierung,** der wir nach **rechts** folgen. Unser Weg verläuft auf einem gut ausgebauten Fahrweg durch das schattige Hainbachtal. Unter uns liegt die **Kaltwasserdusche,** die benutzt werden kann. Allerdings ist der Weg dorthin nicht mit dem Kinderwagen befahrbar. Talaufwärts geht es hinauf zur Landauer Hütte. Dieser Wegabschnitt ist anstrengend und es ist eine gewisse Kondition erforderlich, da er konstant ansteigt. Zudem ist kurz vor der Hütte auf einer Länge von ca. 400 m ein sehr steiler Anstieg zu bewältigen.

Für die Strapazen wird man allerdings entlohnt, denn in der **Landauer Hütte,** einem beliebten Ziel für Tagesausflügler, lässt es sich bei familienfreundlichen Preisen gut verweilen. Nach kurzer Rast an der Hütte, folgen wir auf einem gut ausgebauten Fahrweg der Beschilderung zur **Burgruine Neuscharfeneck,** einem interessanten Zwischenstopp für Groß und Klein. In der Burg gibt es einen herrlichen Aussichtspunkt, zu dem der Nachwuchs allerdings getragen werden muss. Die Mühe lohnt sich. Auf dem Turm erschließt sich uns das einzigartige Panorama des Pfälzerwaldes. Wir haben einen herrlichen Blick auf die Burgruine Ramburg, die Dörfer Dernbach und Ramberg und – bei gutem Wetter – auf den Hochschwarzwald und die Vogesen.

Der weitere Weg ist sehr gut ausgeschildert. Wir entscheiden uns für einen **schmalen Hangweg,** der gegenüber der Burgruine links abzweigt und mit der Markierung eines weißen Strichs und des **Pfälzer Weinsteiges** versehen ist. Der weiche Pfad verläuft immer angenehm geradeaus. Nach gut einem Kilometer führt uns der Hangweg auf einen **Forstweg,** dem wir nach rechts folgen. Die Hinweisschilder des Pfälzer Weinsteiges informieren uns, dass wir noch 1,6 km bis zum Waldhaus „Drei Buchen" zu bewältigen haben. Am Ende des Weges haben wir die Qual der Wahl, denn es erschließt sich uns eine weitere Möglichkeit zur Rast mit guter Küche im Waldhaus **„Drei Buchen".** Wir wandern weiter und kommen direkt auf eine **Straße.** Nun beginnt **rechts** von uns ein Wanderweg, der mit einem blauen Balken und der Markierung des Pfälzer Weinsteiges gekennzeichnet ist und uns zur Trifelsblickhütte führt. Der gut ausgebaute Forstweg steigt stetig an, bis wir auf den **Dreimärker** treffen, einer Grenze

von drei Gemarkungen. Hier befindet sich eine **Schutzhütte,** die bei schlechtem Wetter als Unterschlupf oder zum Füttern und Wickeln des Babys geeignet ist. Nun folgen wir der Beschilderung und der Markierung des Weinsteiges **geradeaus,** denn wir freuen uns auf den herrlichen Blick, der sich uns auf den Trifels erschließt und an dem wir uns kaum satt sehen können. Der Weg führt uns angenehm aufwärts. Ebenso erscheint er fabelhaft und vermittelt ein fantastisches Flair. Der Fantasie sind hier keine Grenzen gesetzt, denn in mühevoller Arbeit wurden **Skulpturen,** wie z. B. ein Dudelsackspieler und Wesen aus der Tierwelt von Reinhold Müller aus Gräfenhausen kreiert, welche den mäßigen Anstieg sehr abwechslungsreich erscheinen lassen.

Oben angekommen eröffnet sich uns ein herrlicher Blick und wir erkennen, dass die **Trifelsblickhütte** ihrem Namen alle Ehre macht. Hier gibt es kleine und typische Pfälzer Gerichte. Wir wurden sehr kinderfreundlich empfangen und die fleißigen Helfer erhitzten ein Babyglas im kochenden Wasser.

Der Abstieg zurück nach Gleisweiler ist nun gut ausgeschildert. Nach der Hütte folgen wir dem Fahrweg und der Markierung des Weinsteiges. Der Weg führt uns beim **„Holzdieb“,** einer Holzskulptur, weiter bergab. Nach ca. 500 m unterhalb der Hütte biegen wir rechts ab und folgen der Markierung mit dem **blauen Balken** und dem **Hinweisschild** nach Gleisweiler in einen schmalen Wanderpfad. Nun verliert der Wanderweg sehr zügig an Höhe und es gilt, zweimal sechs **Sandsteinstufen** zu bewältigen. Dies ist mit dem Kinderwagen möglich. Oberhalb des **Sanatoriums** bringt uns das **Hinweisschild** „Wanderparkplatz“ direkt zum Ausgangspunkt. Das letzte Kinderwagenhindernis sind ca. 12 Stufen kurz vor unserem Wanderparkplatz, die aber leicht zu schaffen und aufgrund der Stufenlänge gut zu befahren sind.

Variante I

Nach der Walddusche weist uns ein Schild den Weg nach links in Richtung Frankweiler. Diesen idyllischen Weinort hat man nach ca. 500 m erreicht. Durch die Weinberge geht es zurück zum Ausgangspunkt. Diese Variante ist mit jedem Kinderwagentyp machbar. Die Länge beträgt 4,5 km; die Wanderzeit liegt bei 1 Stunde.

Variante II

Man kann mit dem Auto durch das Modenbachtal bis zum Wanderparkplatz am Waldhaus „Drei Buchen“ fahren. Von diesem Ausgangspunkt kann man mit jedem Kinderwagen auf einem sehr gut ausgebauten Forstweg dem Weinsteig folgend zum Dreimärker laufen. Von dort aus geht es auf einem Wanderweg zur Trifelsblickhütte und auf dem gleichen Weg zurück. Diese Variante ist ebenfalls mit jedem Kinderwagentyp befahrbar, durch die konstante Steigung allerdings mit dem Schwierigkeitsgrad „mittel“ eingestuft. Die Länge beträgt 8,5 km; die Wanderzeit liegt bei 1 ½ Stunden.

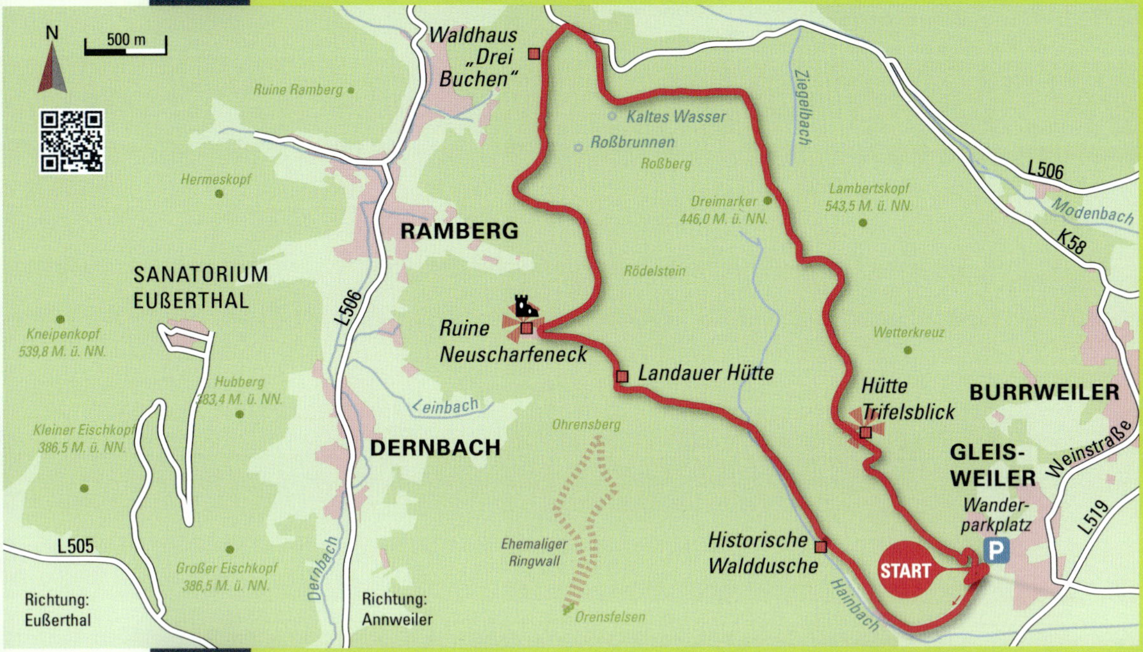

Der Startpunkt der Tour ist der Wanderparkplatz in der Nähe des Sanatoriums in Gleisweiler an der deutschen Weinstraße. Nun ist der Wanderparkplatz sehr gut ausgeschildert und leicht zu finden.
GPS: 49.23941 8.06061 | 76835 Gleisweiler, Lindenalee 14

Landauer Hütte, Gasthaus „Drei Buchen“, Trifelsblickhütte

Gleisweiler ist der wärmste Ort in Deutschland und wird gerne als pfälzisches Nizza bezeichnet. In der Nähe des Parkplatzes befindet sich ein wunderschöner Park, der zum Flanieren und Verweilen einlädt. Das Weindorf Gleisweiler besticht durch seine schmucken Hausfassaden und typischen Winzergässchen. Am Ortseingang befindet sich ein sehr gepflegter öffentlicher Spielplatz.

22 **Tourlänge** 8 km **Dauer** 2 Stunden **Steigung** 81 m **Gefälle** 318 m
Kinderwagentyp alle (Variante I: vierrädrig; Variante II: alle)

Rund um die Villa Ludwigshöhe

Reizvolle Wanderung zur Rietburg, zum Ludwigsturm und Schweizer Haus

Wir beginnen die Tour mit einem Höhepunkt für Groß und Klein. Den Anstieg bewältigen wir, indem wir die Seilbahn benutzen und uns dadurch die 230 Höhenmeter zu Fuß sparen. Die Mitarbeiter sind sehr hilfsbereit und transportieren gerne auch Kinderwagen nach oben. Die Wanderzeit verkürzt sich um eine halbe Stunde.

Oben angekommen beginnt der angenehme Teil der Wanderung. Wir folgen einem **breiten Fahrweg** und der **blau-gelben Markierung.** Im Folgenden bleiben wir allerdings auf diesem und folgen nicht der Markierung nach rechts, denn der Weg ist sehr steinig. Bei der ersten Möglichkeit lassen wir uns vom **Fahrweg nach rechts** führen und erkennen nach einigen Metern wieder unsere blau-gelbe Markierung. Diese weist uns in einen **schmalen Pfad** nach links und wir befinden uns auf direktem Wege zum höchsten Punkt der Tour mit 605 m, den wir ca. 30 Minuten später erreicht haben. Hier laden eine **Schutzhütte und Sitzgruppen** zum Verweilen ein. Die Aussicht vom Turm sollte man bei gutem Wetter genießen und den Aufstieg in Kauf nehmen. Dieses Kulturdenkmal wurde 1883 vom Verschönerungsverein Edenkoben erbaut.

Anschließend wandern wir geradeaus weiter und folgen der Beschilderung zum **Schweizer Haus.** Der

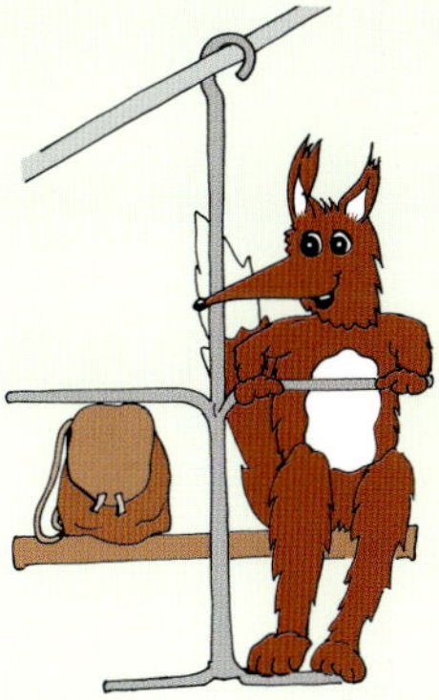

Weg wird nach kurzer Zeit schmaler und verliert rasch an Höhe. Dieser Abschnitt ist sehr steinig und kann nur mit einem geländefähigen Kinderwagen gemeistert werden. Nach 400 m haben wir diesen schwierigen Teil gemeistert und folgen dem **Fahrweg für ca. 30 m nach links.**

Nun zeigt uns ein Schild den Weg zum Schweizer Haus, das wir über den **schmalen Pfad,** der nach rechts und weiter bergab führt, nach ca. 20 Minuten erreicht haben. Das Haus ist zwar sehr klein, aber die gemütliche Atmosphäre und die Lage mit Blick auf Karlsruhe und in die Rheinebene laden zum Genießen ein.

Der Rückweg verläuft nun immer auf einem breiten und gut ausgebauten Fahrweg. Wir entscheiden uns für die Markierung **Nummer vier bzw. für den roten Balken.** Ein weicher Waldweg führt immerzu bergab und bringt uns nach ca. 1,4 km direkt an die **Rietaniahütte.** Ab dieser Hütte folgen wir der Beschilderung in **Richtung Rietburgbahn** und der Villa Ludwigshöhe. Kurz unterhalb der Waldgaststätte biegen wir links ab und stoßen nach ca. 800 m direkt auf die Villa Ludwigshöhe, unserem Ausgangspunkt.

Variante I

Direkt an der Talstation der Rietburgbahn starten wir unsere Wanderung und folgen dem Weg, der unter der Seilbahn verläuft und mit der blau-gelben Markierung versehen ist. Der Aufstieg zur Burg

führt über einen schmalen und steinigen Pfad nach oben und hat zwei kurze Tragepassagen. Der Weg ist auch mit dem Hinweis auf die Rietburg ausgeschildert. Nachdem wir nach ca. 600 m den ansteigenden Fahrweg verlassen, biegen wir nach links in einen kleinen

schmalen Pfad ein. Diesem folgen wir und lassen uns nach ca. 400 m direkt zum Gedenkstein für Ludwig I. führen. Linkerhand erreichen wir einen herrlichen Aussichtspunkt. Dieser wurde von Philipp Wolf im Jahre 1879 errichtet. An dieser Stelle folgen wir dem Weg nach rechts weiter bergauf, die Seilbahn verläuft über uns. Nach kurzer Zeit gilt es, drei Sandsteinstufen zu überwinden, um dem schmalen Pfad weiter folgen zu können, welcher nun sehr schmal und steinig wird (Kinderwagenbreite beachten). Im Folgenden müssen wir abermals 13 Sandsteinstufen bewältigen, um danach den herrlichen Blick von der Burg in die Rheinebene genießen zu können. Der Aufstieg dauert ca. 30 Minuten und ist sehr anspruchsvoll, zum einen das Schieben, zum anderen die Ausdauer betreffend. Folglich stufen wir diesen Teil als sehr schwer ein.

Variante II

Falls man die Tour mit der Babywanne laufen will, sollte man vom Parkplatz aus direkt zum Schweizer Haus wandern, welches man in einer Stunde erreicht hat. Dieses Stück ist auch für alle Kinderwagen geeignet, denn wir bewegen uns immer auf einem Fahrweg.

Selbst die Rietburg kann erklommen werden, indem man vor der Rietaniahütte immer dem Forstweg nach rechts und bergauf folgt, der den Namen Rietburgstraße trägt. Diese Tour ist mit jedem Kinderwagen geeignet, da wir die ganze Zeit auf einem sehr gut ausgebauten Forstweg wandern. Die Länge beträgt 5,5 km; die Wanderzeit liegt bei 1 ½ Stunden.

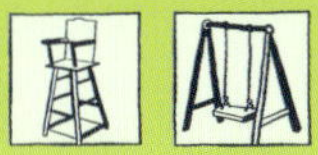

Wir starten unsere Tour direkt an dem Parkplatz an der Villa Ludwigshöhe. Von Neustadt kommend fahren wir in Edenkoben an der zweiten Ampel nach rechts und folgen nun immer der Beschilderung Rietburgbahn und Villa Ludwigshöhe. Der Weg ist sehr gut ausgeschildert und Parkplätze sind direkt an der Bahn und an der Straße in ausreichender Anzahl vorhanden. Falls jedoch bei einer Veranstaltung alle belegt sein sollten, fährt man an der Sportschule geradeaus weiter und kommt dann automatisch an weitere Wanderparkplätze.
GPS: 49.278551 8.088445 | 67480 Edenkoben, Villastraße 64

Gaststätte an der Rietburg, das Schweizer Haus (sonn- und feiertags geöffnet), Waldgaststätte Rietaniahütte (mittwochs, samstags und sonntags ab 11 Uhr geöffnet)

Besichtigung der Villa Ludwigshöhe, Rietburg, Wildgehege hinter der Burg

23

Tourlänge 9 km **Dauer** 2½ Stunden **Steigung** 160 m **Gefälle** 148 m
Kinderwagentyp alle

Von St. Martin nach Rhodt

Weinbergwanderung mit Blick auf die Kulturdenkmäler der Südlichen Weinstraße

Wir starten die Tour in der Edenkobener Straße, laufen an einem großen und **markanten Sandstein** nach rechts und folgen dem Weinlehrpfad. An einem sehr schönen **Pavillon** biegen wir rechts ab und gehen immer geradeaus. Nun blicken wir direkt auf die hoch gelegene Kropsburg, die ganzjährig bewirtschaftet ist. An der **Haardtmadonna** biegen wir links in einen **geschotterten Weg** ab. Wir bewegen uns nun die ganze Zeit am Waldrand und können diesen herrlichen Blick in die Rheinebene genießen. Nach 1,2 km an der Kreuzung **„Im Schraußenthal"** laufen wir nach links und wählen gleich danach den rechten Weg. Nach einem kurzen geteerten Stück gehen wir einen geschotterten Fahrweg bergauf, bis wir auf eine **Straße** treffen, der wir bergab folgen. In 500 m verlassen wir an einer **Schutzhütte die Straße,** kommen an zahlreichen Sitzgruppen vorbei und gehen geradeaus weiter in Richtung Villa Ludwigshöhe. Kurz darauf **überqueren** wir die **Straße,** die ins Edenkobener Tal führt und folgen dem Schild der **Rietburgbahn.** Am **Tennisplatz** gehen wir nach links bis zur Hauptstraße. An dieser biegen wir abermals links ab, bis uns der **Wegweiser nach Rhodt** ins Auge springt und uns rechts in den Wirtschaftsweg führt. Nach einiger Zeit können wir die ehemalige Sommerresidenz von König Ludwig I. bestaunen, das Schloss Villa Ludwigshöhe. Folgt man dem Wingertweg geradeaus, kommt man direkt in die romantische Theresienstraße, einem Kulturdenkmal der Ortsgemeinde Rhodt unter Rietburg. Wir entscheiden uns jedoch für einen Gang

durch die Weinberge und biegen an der **zweiten Möglichkeit rechts ab,** zum Gasthaus **„Zum Sesel“,** wo wir uns stärken können. Nun sehen wir auf dem Berg thronend die St. Anna Kapelle in Burrweiler, dann die Ortschaft Weyher und direkt vor uns das gelbe Gebäude des Wellnesshotels „Alte Rebschule“. Zu unserer Rechten haben wir einen herrlichen Blick auf das Hambacher Schloss. Am Ende des bergauf führenden **Schotterweges** biegen wir an der Straße links ab. Nach ca. 100 m ist das Gasthaus schon ausgeschildert. Am Ende der Straße folgen wir der Beschilderung und haben in ca. 500 m das idyllische Restaurant erreicht. Die Gaststätte bietet Hochstühle, einen kleinen Spielplatz und herrliche Sitzgelegenheiten im Freien.

Der erste Teil des Rückwegs verläuft über den Hinweg. An der **Straße,** die ins Edenkobener Tal führt, angekommen, entscheiden wir uns für eine Abwechslung und folgen dieser für einige Meter **nach rechts.** An der zweiten Möglichkeit biegen wir links ab und wandern auf dem **Wirtschaftsweg** zurück, der uns direkt zum Ausgangspunkt führt.

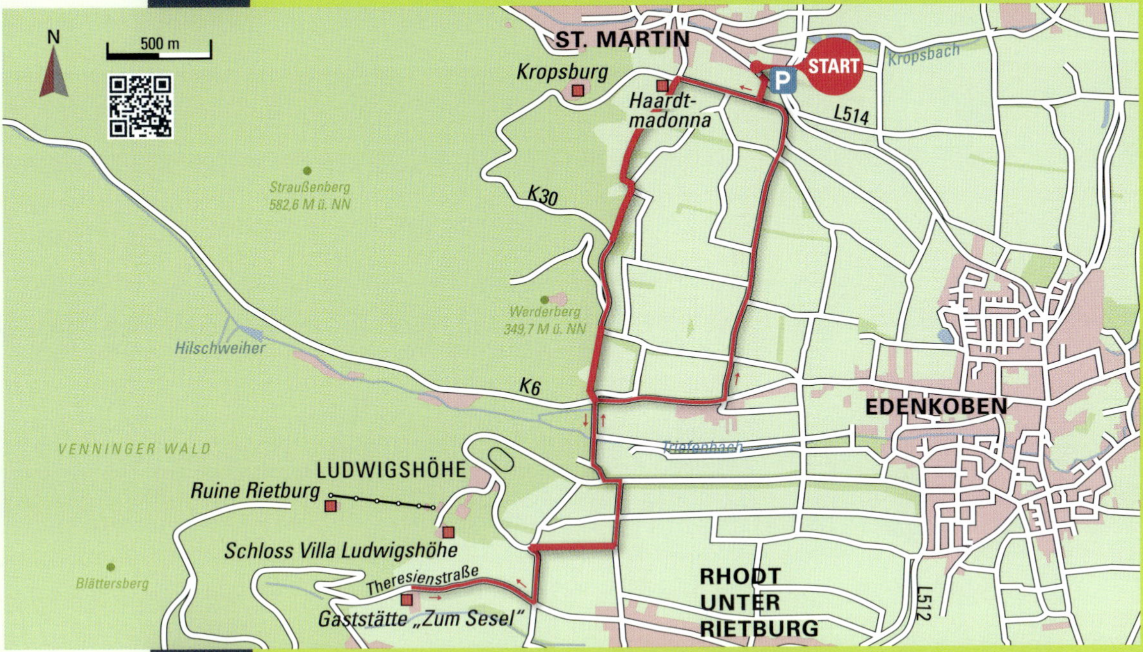

A65, Ausfahrt Edenkoben, Richtung St. Martin, Parkplatz in der Edenkobenerstraße
GPS: 49.297589 8.10668 | 67487 Sankt Martin, Edenkobener Straße 50

die Gaststätte „Zum Sesel" vor dem Wellnesshotel „Alte Rebschule", zahlreiche Lokalitäten und Winzerhöfe in der Theresienstraße, gemütliche Lokale in St. Martin

Wandert man unterhalb der Villa Ludwigshöhe geradeaus weiter, erreicht man nach ca. 500 m die von Kastanienbäumen gesäumte Theresienstraße in Rhodt. Dort laden zahlreiche Lokale und Winzerhöfe zum Verweilen ein. Das Café Eyer lockt am Anfang der Straße mit Kaffee und leckerem Kuchen. Villa Ludwigshöhe, Rietburgbahn

24 **Tourlänge** 5,8 km **Dauer** 1 ½ Stunden **Steigung** 118 m **Gefälle** 88 m
Kinderwagentyp alle

Rundwanderung zur Klausentalhütte

Gemütliche Weinbergwanderung am Fuße des Hambacher Schlosses in Neustadt

Wir parken an der Ecke Kirschgartenstraße/Andergasse in Hambach und überqueren die Straße geradeaus. Nach ca. 200 m sind wir mitten in den Weinbergen und genießen die herrliche Aussicht. Rechter Hand blicken auf zum Hambacher Schloss, der Wiege der deutschen Demokratie. Den Blick in die Rheinebene gerichtet sehen wir links die Industrieanlagen der BASF in Ludwigshafen, danach folgt der Steinbruch in Weinheim sowie bei klarem Wetter die Stadt Karlsruhe mit ihren markanten Windrädern. Nun überqueren wir einige Kreuzungen und laufen ca. 1,2 km geradeaus weiter, bis wir nach **Maikammer** kommen. Entlang des Weges durch die Weinberge sind in kurzen Abständen herrliche Sitzgruppen und Bänke aufgestellt, so dass man ohne Probleme im Sommer die Möglichkeit des Fütterns und Pausierens hat. Kurz bevor wir das Weindorf Maikammer erreichen, sehen wir auf der linken Seite den **Winzerhof Franz Ernst.** Das besondere daran ist, dass man sich selbst bedienen kann. Bezahlt wird mit Vertrauen, denn eine Kasse steht bereit und jeder Besucher begleicht selbst seine Rechnung. Im Sommer und im Herbst zur Weinlese ist er immer geöffnet. Der Blick und die Atmosphäre sind einzigartig, denn man sitzt inmitten eines Rebenmeeres und kann die Umgebung so richtig genießen.

An der **Straße** angekommen, laufen wir **nach rechts** auf dem leicht ansteigenden Wingertweg weiter. Nun blicken wir direkt auf die Kalmit, den zweithöchsten Berg der Pfalz. Entlang des Weges können wir uns an Informationstafeln über die verschiedenen Rebsorten informieren. Das Schloss befindet sich rechts von uns, daneben erkennen wir das Zeter Berghaus. Nach ca. 1 km kommen wir direkt an eine **T-Kreuzung** und biegen rechts, dem **gelben Schild** mit der Aufschrift Klausentalhütte folgend, ab. Dieser Weg ist mit Sandsteinen gepflastert und führt uns an einem kleinen Biotop vorbei. Der Belag wechselt zum Glück wieder nach kurzer Zeit. Abermals an einer **Kreuzung** angekommen, folgen wir **links** der Beschilderung zur Klausentalhütte. Nach ca. 900 m hat man die **Gaststätte** erreicht. Diese hat einen sehr großen Spielplatz und ist im Sommer ein herrlicher Platz für Familien. Sitzplätze im Freien ermöglichen den Blick auf den Spielplatz. Die Preise sind familienfreundlich und die Hütte bietet mehrere Hochstühle sowie ausreichend Platz für den Kinderwagen. Falls man seine Tour noch etwas erweitern will, befindet sich vor der Hütte eine Informationstafel, die den Blauen Brückenweg beschreibt. Der Rückweg führt uns auf dem gleichen Weg zurück, bis wir auf die **erste Abzweigung** treffen. Wir biegen nicht rechts ab, sondern folgen dem Weg **geradeaus** weiter. Nach ca. 500 m kommen wir an einem **Parkplatz** rechts von uns vorbei. Kurz danach biegen wir rechts vor dem **freistehenden Haus** ab, wandern für ca. einen Kilometer angenehm bergab und erkennen die **erste Kreuzung** vom Beginn der Wanderung. Hier biegen wir an der **Sitzgruppe** links ab und gehen zum Auto zurück. Die Wanderung ist für alle Kinderwagen geeignet.

Falls man am Ende der Wanderung eine Rast machen möchte, kann man einen Abstecher in den wunderschönen Biergarten „Zum Gockel" unternehmen. Man läuft an der Sitzgruppe geradeaus weiter und sieht nach einigen Metern ein Hinweisschild. Nach 3 Minuten hat man das Restaurant erreicht. Hier kann durch den großen Garten, die Schaukel und die Möglichkeit, die Kinder spielen zu lassen, sehr gemütlich eingekehrt werden.

Variante

Wer möchte kann am freistehenden Haus geradeaus weiter gehen und durch die Andergasse (das Andergasser Weinfest Anfang Mai ist weit über die Grenzen der Pfalz bekannt) zurück wandern. Nun treffen wir auf Weingüter entlang des Weges, die im Herbst natürlich immer geöffnet haben. An der Gaststätte „Zum Jägerstübchen" biegen wir der Straße folgend rechts ab und laufen immer geradeaus, bis wir unseren Ausgangspunkt erreicht haben.

Der Ortsteil Hambach befindet sich zwischen Neustadt und Diedesfeld. Unsere Zielstraße liegt am Ortsausgang von Hambach Richtung Diedesfeld. Von der Weinstraße (L512) kommend fahren wir in die Winzerstraße, biegen an deren Ende links ab und befinden uns in der Straße Am Kirschgarten. Nun parken wir an der Ecke Am Kirschgarten/Andergasse.
GPS: 49.32329 8.12965 | 67434 Neustadt (Hambach), Andergasse 6B

Klausentalhütte, Zum Jägerstübchen

Hambacher Schloss

Für Rollstuhlfahrer ist die Tour bis zum Weingut Ernst
ohne Probleme machbar.

25

Tourlänge 13 km **Dauer** 4 Stunden **Steigung** 419 m **Gefälle** 401 m
Kinderwagentyp vierrädrig

Von Neustadt zum Hohen Loog

Anspruchsvolle Genusswanderung zum Hohe-Loog-Haus, vorbei am Hambacher Schloss und dem Sommerberg

Wir starten die Wanderung direkt am Herz-Jesu-Kloster in Neustadt. Vom Parkplatz aus **folgen** wir der Markierung mit dem **roten Balken** der Straße bergauf. Nach nur wenigen Metern bekommen wir einen kleinen Vorgeschmack auf das, was noch vor uns liegt. Am herrlich gelegenen **Conrad-Freytag-Blick** können wir die Aussicht auf Neustadt und die Wolfsburg genießen. Nach einem kurzen Zwischenstopp folgen wir dem Conrad-Freytag-Weg und wandern weiter bergauf. Am Ende des Weges biegen wir nach links in einen **schmalen Pfad** ein. Diese Passage ist etwas **steinig** aber machbar. Nach kurzer Zeit passieren wir einen **Wendehammer** und folgen der Markierung bergauf nach links. Ca. 25 Minuten später lädt uns eine **Ruhebank** ein, die Aussicht auf das Hambacher Schloss und in die Rheinebene zu genießen. Nach 1,3 km weist uns die Markierung den Weg nach rechts. Er führt uns immer am Waldrand entlang. Nach ca. 40 Minuten haben wir den **Parkplatz** unterhalb des **Hambacher Schlosses** erreicht. Ein kurzer Abstecher zur Wiege der Deutschen Demokratie ist – nicht nur wegen des historischen Wertes – lohnenswert.

Vom Parkplatz aus folgen wir der Markierung in einen steinigen Weg (an der Gaststätte links vorbei). Hier merkt man sehr schnell, dass man auf einer **alten Römerstraße** unterwegs ist. Der Verlauf des Weges führt uns nun sehr rasch in den Pfälzerwald. Nach 4,6 km hat man den Sommerbergblick, der auf einer Höhe von 446 Metern liegt, erreicht und wir können uns auf einer **Ruhebank** abermals dem herrlichen Ausblick in die Rheinebene hingeben. Der Weg führt uns stetig bergauf, bis wir die **Sommerbergschutzhütte** erreicht haben. An der Hütte angekommen wählen wir nun die **Markierung des Pfälzer Weinsteiges (weiß/rot)** und folgen ihr nach rechts in einen schmalen Pfad. Nach kurzer Zeit biegen wir scharf nach links der Markierung folgend ab und gehen in gemäßigtem Tempo für weitere 100 Meter auf steinigem Untergrund bergauf. Zahlreiche Heidelbeersträucher auf einer Anhöhe verführen im Sommer zum Pflücken. Auch können wir immer wieder den Blick auf die Kalmit genießen, die nun links von uns erscheint und mit 673 Metern der zweithöchste Berg der Pfalz ist.

Nach 6,6 km kommen wir direkt an eine **große Wegegabelung,** die mit einer **Sitzgruppe** und einem Bildbaum gekennzeichnet ist. Nun kann man der **Markierung** mit dem **roten Punkt** folgen und die restlichen 48 Höhenmeter auf einer Länge von 500 m bestreiten oder man nimmt den breiten Fahrweg, der parallel zum gekennzeichneten Weg verläuft. Nach 7 km und auf ei-

ner Höhe von 618 Metern können wir uns im **Hohe-Loog-Haus** stärken. Die Hütte ist ein herrlich gelegener Aussichtspunkt.
Auf dem **Rückweg** folgen wir nun weiter dem **roten Punkt,** bis uns ein Hinweisschild auf die **Kühungerquelle** aufmerksam macht. Wir folgen dem Schild in einen schmalen Pfad, da der markierte Weg für Kinderwagen nicht geeignet ist. An der **Quelle angekommen** wählen wir den **Fahrweg, der nach rechts** führt. Diesem folgen wir bis zur **Schutzhütte** geradeaus und erkennen wieder unsere Markierung, den **roten Punkt.** Auf einem **Zick-Zack-Weg** verlieren wir sehr rasch an Höhe. Nach 9,83 km der Tour schließt sich unsere Rundwanderung. Wir erreichen wieder den Ausgangsweg und folgen diesem zurück zum Parkplatz.

Variante

Wir können die Tour verkürzen, indem wir den Wanderparkplatz „Am Nollen“ in der gleichnamigen Straße anfahren. Dadurch sparen wir ca. 2 km sowie über 100 Höhenmeter. Ebenso fällt durch diese Verkürzung das erste sehr steinige und anstrengende Teilstück weg.

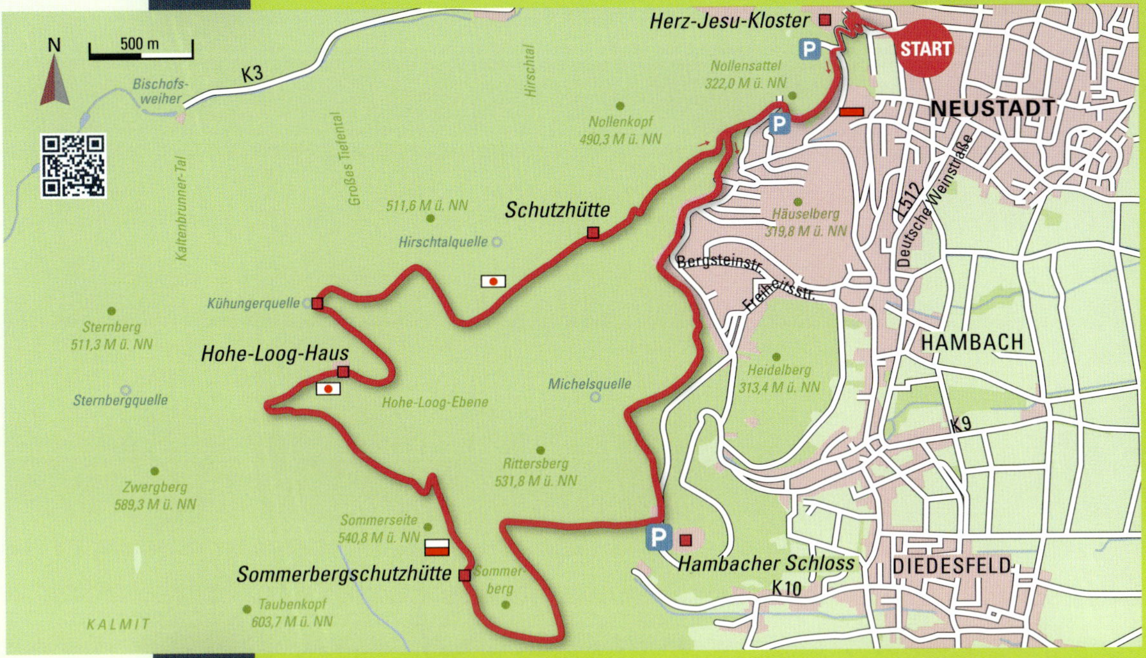

Von der A65 kommend biegen wir nach dem Saalbau und dem Hauptbahnhof in Neustadt links ab und fahren über die Zwockelsbrücke bergauf in Richtung Hambach. Nach ca. 1,5 km biegen wir nach rechts ab und folgen der Beschilderung zum Kloster. Nach kurzer Zeit erreichen wir dann den Parkplatz in der Waldstraße.
GPS: 49.348276 8.127351 | 67434 Neustadt (Hambach), Waldstraße 145

Hohe-Loog-Haus

Hambacher Schloss, Neustadter Altstadt

26 **Tourlänge** 8,7 km **Dauer** 2 ½ Stunden **Steigung** 205 m **Gefälle** 235 m
Kinderwagentyp drei- oder vierrädrig

Von Lindenberg zur Haardt

Von der Heimat des Hl. Cyriakus zum Haardtrand oberhalb von Neustadt

Wir starten in der Dorfmitte von Lindenberg und laufen immer **Richtung Weinbiet,** das gut ausgeschildert und mit dem **blauen Punkt** markiert ist. Wer schon zu Beginn der Tour einen Wickeltisch benötigt, kann ihn im Rathaus in der ersten Etage finden (nicht sonntags). Vom Parkplatz gehen wir bis zur Hauptstraße, biegen zuerst rechts und dann die zweite Möglichkeit links, dem blauen Punkt folgend, ab. Nach 300 m folgen wir der Markierung nach rechts in den **Weinbietweg.** Am Wendehammer laufen wir auf einen kurzen schmalen Weg und folgen der Markierung mit dem blauen Punkt nach links. An diesem Aussichtspunkt lädt eine herrliche **Sitzbank** dazu ein, den Blick auf Lindenberg zu genießen. Nun geht es ein kleines Stück steil bergauf, bis wir die **Straße** erreicht haben. Linker Hand offenbart sich uns eine herrliche Aussicht auf die Cyriakus-Kapelle, die imposant auf dem ehemaligen Steinbruch steht. Der heilige Cyri-

akus ist der Schutzpatron der Winzer. Ihm zu Ehren findet alljährlich am ersten Augustwochenende eine Wallfahrt statt.
Wir überqueren die Straße und laufen nun auf einem gut ausgebauten **Forstweg** weiter bergauf. An der ersten Kreuzung halten wir uns links. Nach 1,2 km der Tour und an der **zweiten Kreuzung** wechseln wir die Markierung. Hier ist die **Haardt** ausgeschildert und wir überlassen nun der **blau-weißen** Balkenmarkierung die Führung. Auf einem breiten **Forstweg** haben wir eine angenehme, aber stetige Steigung zu bewältigen. Immer wieder erschließt sich uns ein wunderbarer Blick auf Lambrecht und das Tal. Eine **Bank** lädt zum Rasten ein. Nach ca. 2,5 km folgen wir nicht der Markierung nach rechts in einen schmalen Pfad, sondern bleiben auf dem **Forstweg.** Nach ca. 400 m wählen wir den **„Gerhard-Pardall-Weg“,** der rechter Hand leicht bergab führt und folgen dem Schild Wolfsburg. Nachdem wir 4,2 km unserer Wegstrecke zurückgelegt haben, folgen wir nicht mehr der blau-weißen Balkenmarkierung, die nach links in einen Pfad führt, sondern **bleiben auf dem Fahrweg.** Nach einiger Zeit können wir oberhalb das **Weinbiet** erspähen. Nachdem wir ein Stück des Weges, der nun angenehm bergab führt, gegangen sind, wählen wir einen schmalen Weg, der geradeaus in Richtung Wolfsburg verläuft. Hier ist Vorsicht geboten, denn wir **verlassen den Fahrweg** und folgen nicht der scharfen Rechtskurve bergab. Bald darauf haben wir die **Burgruine** am Ortseingang von Neustadt erreicht und können auch schon das „Schöntal“ erkennen, welches durch die Papierfabrik Hofmann und Engelmann nachhaltig geprägt wurde. Um in die Wolfsburg zu gelangen, schließt sich eine kurze, gut machbare Tragepassage über fünf Sandsteinstufen an. Ist diese überwunden, gelangen wir in das Innere der Burgruine und haben einen herrlichen Blick in die Rheinebene. Hier lässt es sich wunderbar pausieren, Bänke laden bei herrlicher Aussicht zur Rast ein. Von Frühjahr bis in den Spätsommer hinein ist ein kleiner Verkaufsstand geöffnet und versorgt hungrige Wanderer mit diversen Speisen und Getränken.
Nach einer kurzen Pause folgen wir dem **geteerten Weg bergab** in Richtung Haardt. Am **Wolfsbrunnen** wählen wir den **linken** Wanderpfad mit dem roten Punkt. Dieser ist besonders im Sommer zu empfehlen, da er, im Gegensatz zum parallel verlaufenden Sonnenweg, im Schatten liegt. Nach 7,5 km ist wieder Vorsicht geboten, denn der rote Punkt zeigt uns den Weg geradeaus, welchem wir folgen. An der Wegekreuzung bietet sich ein Abstecher zur Ruine der Josephs-Kapelle an.

Nach 500 m stoßen wir auf eine **Wegekreuzung,** wo wir uns, der Markierung folgend, **rechts** halten. Dieser **betonierte Weg** verläuft für ein kurzes Stück steil hinab. Nach ca. 250 m verlassen wir den Wald und stehen in einem Meer von Reben, das einen herrlichen Blick auf Neustadt an der Weinstraße bietet. Links von uns sehen wir den **Deidesheimer Tempel.** Wir laufen weiter durch die Weinberge bergab und erreichen nach wenigen Metern die Ortschaft Haardt, die stolz Balkon der Pfalz genannt wird. Am ersten Anwesen angekommen, folgen wir der **Straße nach links.** Wir kommen an der **Dr.-Welsch-Terrasse** vorbei, die uns zu einem Besuch einlädt. Hier sind zahlreiche mediterrane Pflanzen und Kakteen zu bestaunen. Nach einer leichten Rechtskurve können wir das markante **rote Backsteingebäude** erkennen, welches als **Haardter Winzer** bekannt ist. Die Gaststätte ist sehr zu empfehlen, denn sie ist sehr familienfreundlich, bietet zwei Hochstühle und einen separaten Wickelraum. Dieser ist mit einem Heizstrahler sowie mit einem Mobile sehr schön eingerichtet. Des Weiteren sind auch zwei Kisten mit Spielsachen vorhanden.

Für den Rückweg kann man denselben Weg wählen oder fährt, wie im Folgenden beschrieben, mit dem Bus von Neustadt zurück nach Lindenberg. Um an die Bushaltestelle zu gelangen, laufen wir denselben Weg bis zur Dr.-Welsch-Terrasse zurück. Nun folgen wir dem Burgweg bergab. An der Straße biegen wir, der Beschilderung folgend, links ab und gehen ca. 300 m geradeaus. Wir halten uns rechts, lassen aber die Treppe rechts liegen und wählen den nächsten Weg, der in Richtung Innenstadt weist. Vor der Ampel laufen wir links am Parkplatz vorbei und sehen die Bushaltestelle „Strohmarkt", an der uns ein Bus zurück nach Lindenberg bringt.

Wir fahren von Neustadt aus kommend über die B39 in Richtung Kaiserslautern und biegen vor Lambrecht rechts Richtung Lindenberg ab. Nach 800 m folgen wir der Beschilderung und erreichen die kleine Ortschaft. Nun fahren wir auf der Hauptstraße immer geradeaus, bis wir zum Rathaus gelangen. Dort stehen ausreichend Parkplätze zu Verfügung. GPS: GPS: 49.38069 8.096923 | 67473 Lindenberg, gegenüber Wiesenstraße 3

Wolfsburg, Haardter Winzer sowie zahlreiche weitere Lokale auf der Haardt

Cyriakus-Kapelle in Lindenberg, Dr.-Welsch-Terrasse, Historischer Marktplatz in Neustadt / Weinstraße, Stiftskirche und weitere Museen

27 **Tourlänge** 3,5 km **Dauer** 1 ½ Stunden **Steigung** 70 m **Gefälle** 72 m
Kinderwagentyp alle

Wanderung zur Waldweinstube

Auf den Spuren des Otto von Bismarck

Nach dem Überqueren der Weinstraße entdecken wir auf der linken Seite nach dem **Weingut Werlé** bereits das Hinweisschild mit den Öffnungszeiten der Waldweinstube. Wir folgen dem **Teerweg bergauf** und wandern umgeben von Weinreben. Links von uns sieht man die Weinlage Jesuitengarten. Nach kurzer Zeit erreichen wir schon die erste der am Weg gelegenen, sehr zahlreich aufgestellten Bänke. Anhand des herrlichen Ausblickes kann man erahnen, dass diese Wanderung wunderschöne Aussichtspunkte bietet. **Am Pechstein,** der aus gelbem Sandstein gehauen wurde, und welcher von zwei Zypressen umrahmt ist, folgen wir dem **Teerweg nach links** und laufen weiter leicht bergauf. An der nächsten Kreuzung angekommen, wo uns eine herrliche **Sitzgruppe** zur Rast einlädt, folgen wir der Straße **nach rechts.** Der Pfälzer Wald rückt immer ein Stück näher. Nach 800 m wandern wir durch eine Rechtskurve und laufen nun über **Kopfsteinpflaster weiter bergauf.** Nun erreichen wir nach 900 m einen **Waldparkplatz,** der an Wochenenden sehr früh besetzt ist. Wir laufen nun geradeaus weiter und entdecken rechts von uns eine Sitzgruppe, die, zwischen Büschen versteckt, ein herrliches schattiges Plätzchen bietet. Der **Schotterweg verläuft nun geradeaus** weiter und führt uns an der Waldgrenze entlang bis zur **Waldweinstube.**

Wandertipp: Wer möchte, kann kurz nach dem Wanderparkplatz einen Abstecher zur Bismarckhöhle unternehmen. Hierzu muss der Nachwuchs allerdings getragen und der Kinderwagen abgestellt werden. Nach ca. 300 m führt uns ein kleiner schmaler Pfad links bergauf und wir haben dieses wunderschöne Kleinod ca. 40 m später erreicht. Die Bismarckhöhle wurde im Jahre 1852 zu Ehren des damaligen Reichskanzlers Otto von Bismarck, wie auch die Inschrift zeigt, erschaffen. An diesem wunderbar schattigen Plätzchen mit Blick in

die Rheinebene lädt eine herrliche Sitzgruppe aus Sandstein zur Rast ein. Für ein Picknick mit Geschwisterkindern ist dies eine ideale Stelle.

An der Waldweinstube angekommen gönnen wir uns eine Pause und genießen die Ruhe. Anschließend wandern wir an der **Hütte vorbei** und verlassen nach kurzer Zeit den Wald. Begleitet von Weinreben und dem Pfälzer Wald zur rechten führt uns der **betonierte Weg** geradeaus zum **Wasserwerk.** Hier wenden wir uns **bergab nach rechts.** Der Weg wird nun zu einem **Feldweg** und führt weiter geradeaus. Rechts entdecken wir den Goldbach. Am **betonierten Weg** angekommen folgen wir diesem **nach rechts in Richtung Forst.** Nun können wir links von uns den **Patenweinberg** der Stadt Schwetzingen erkennen. An einem neu angelegten Platz mit einer schönen **Sitzgruppe** wandern wir nach **links weiter.** Wer die Wachtenburg auf sich wirken lassen möchte, sollte hier eine Pause einlegen. Im Sommer sind die zahlreichen Konzerte, die auf der Burg stattfinden, sehr gut zu hören. Nun geht es über einen **Schotterweg bis zur Weinstraße** geradeaus weiter. An der Straße angekommen folgen wir **dem Radweg nach rechts** in Richtung Forst. Am Ortseingang kann man nun das Forster Ungeheuer aus Sandstein bestaunen und in die zahlreichen Weingüter und Lokale einkehren. Der Parkplatz befindet sich nun links von uns.

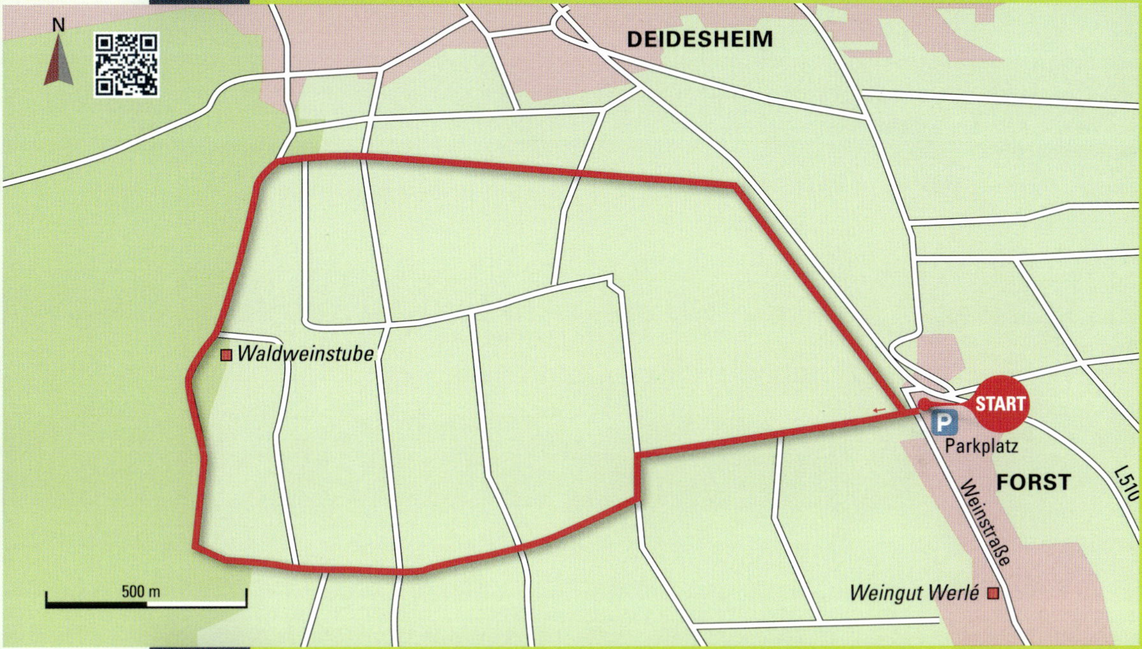

Auf der B 271 nehmen wir die Abfahrt nach Deidesheim / Forst. Im Kreisel folgen wir der Beschilderung in Richtung Forst. Nun folgen wir der Weinstraße und fahren bis zum Ortsausgang von Forst in Richtung Wachenheim. Gegenüber dem Friedhof befindet sich der Parkplatz.
GPS: 49.427392 8.188515 | 67174 Forst, Weinstraße 84

Es bieten sich zahlreiche Möglichkeiten zur Einkehr. Während der Wanderung ist die Waldweinstube ein idyllisches Ziel. Den Tag kann man in der Weinstraße in Forst ausklingen lassen. Entlang der wunderschönen Straße hat man eine große Auswahl an Weingütern und Lokalitäten.

28

Tourlänge 3,5 km **Dauer** 1 Stunde **Steigung** 51 m **Gefälle** 60 m
Kinderwagentyp alle

Mandelblüten-wanderung

Gemütliche Rundwanderung
von Gimmeldingen nach Königsbach

Wir beginnen den Spaziergang am **Sportplatz** in Gimmeldingen. Wir folgen der Straße in Richtung Waldrand und laufen nach rechts in die **Sackgasse** hinein. Wir können an dieser Stelle der Markierung mit dem **weißen Punkt** folgen, der uns über einen ebenen, gut ausgebauten Weg führt. Rechts von uns schauen wir über die Dächer von Gimmeldingen und genießen den Blick in die Rheinebene. Nach kurzer Zeit wandern wir auf der Straße geradeaus weiter. An der ersten Kreuzung folgen wir der **geteerten Straße** und der Markierung mit dem roten Balken **bergauf nach links.** An dieser Stelle ist auch ein Hinweisschild in Richtung Königsbach angebracht. Nach einer kurzen, aber angenehmen Steigung können wir die Mandelblütenbäume und den wunderbaren Blick in die Kurpfalz genießen. Im März ist der Traum aus rosa zum Greifen nah. Wir haben nun die Möglichkeit auf der Straße **(Fürstenweg)** weiter zu laufen oder den rechts von uns verlaufenden Wingertweg zu nutzen. Entlang der Strecke nach Königsbach kommen wir an zahlreichen Sitzgelegenheiten und Informationstafeln über den Wein und dessen Anbau vorbei. In **Königsbach** angekommen

folgen wir dem **Fürstenweg,** der in eine Kreuzung mündet. Hier biegen wir **rechts** ab und laufen durch die schmale Gasse geradeaus durch Königsbach. Nach gut einem Kilometer biegen wir direkt an einer Bushaltestelle rechts in den **Dinkelackerring** ab. Diese **Sackgasse** laufen wir bis zum Ende durch und folgen dann einem schmalen Fußgängerweg **nach links.** An dieser Stelle ist Vorsicht geboten, denn nach nur 30 m biegen wir wieder rechts ab und gelangen über einen **schmalen Durchgangsweg** wieder in die **Weinberge.** Dort angekommen biegen wir **rechts** ab und laufen ein kurzes **Stück bergauf.** Bei gutem Wetter haben wir eine wunderbare Aussicht in die Rheinebene. Wir folgen an der **ersten Kreuzung** dem **Wirtschaftsweg** nach links und laufen wieder zurück nach Gimmeldingen. Am Ende des Weges halten wir uns weiter links. Kurz darauf biegen wir abermals ab, dieses Mal geht es **bergauf** nach rechts. Gleich danach überqueren wir die Straße und laufen weiter bergauf. Nun kommen wir auf die bekannte Kreuzung vom Beginn der Tour und folgen demselben Weg zurück zum Parkplatz.

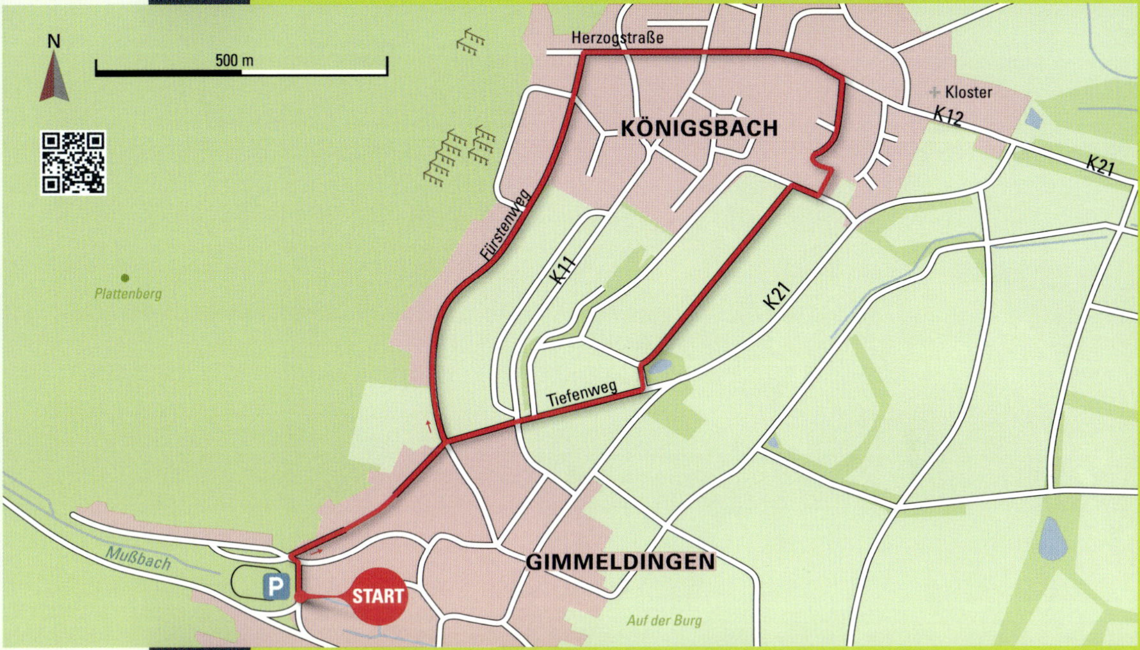

Von Neustadt kommend fahren wir am Mußbacher Kreisel der Beschilderung folgend in Richtung Gimmeldingen. Im Ort angekommen biegen wir an der ersten Kreuzung links ab. Am Ende der Straße erscheint rechts von uns der Sportplatz, wo wir parken.
GPS: 49.376312 8.149036 | 67435 Neustadt (Gimmeldingen), Talwiesenstraße 3

Königsbacher Winzer, zahlreiche Lokalitäten in Gimmeldingen und Königsbach

Mandelblütenfest (ca. Mitte/Ende März, je nach Blütenstand)

29 **Tourlänge** 9,8 km **Dauer** 2 Stunden **Steigung** 108 m **Gefälle** 90 m
Kinderwagentyp alle

Durch das Benjental bei Gimmeldingen

Abwechslungsreiche Wanderung durch ein altes Mühlental

Wir starten die Tour, indem wir an der Zufahrt zum Sportheim links in die **Talwiesenstraße** wandern. Zunächst können wir der Markierung des Pfälzer Weinsteiges folgen und werden auch von unserer Markierung, dem **roten Dreieck** begleitet. Nun passieren wir links von uns den **Sportplatz** und laufen immer geradeaus an zahlreichen gepflegten Schrebergärten vorbei in den Wald hinein. Hier ist es erwähnenswert, dass wir die ganze Zeit im Schatten wandern. An der **Ortsgrenze** angekommen, kommen wir links an einem schönen und im Schatten gelegenen Spielplatz sowie an einem **Eisenpavillon,** das den Namen Ludwigsruhe trägt, vorbei. Nun steigt der Schotterweg ein wenig an und der Mußbach ist jetzt links von uns. Nach nur wenigen Metern erreichen wir die Talmühle aus dem Jahre 1737. Diese war von 1927 bis ins Jahr 2005 ein Kurgasthaus. Kurz nach dem Restaurant kommen wir an einem **Stein** vorbei, der uns darüber informiert, dass dieses Gelände ein **Hochwasserrückhaltebecken** für 1680 cm^3 ist und im Jahr 1985 errichtet wurde. Wir gehen weiter durch das immer enger werdende Tal und werden vom Plätschern des Baches begleitet. Im Folgenden entdecken wir auf der rechten Seite die **Neumühle** aus dem Jahre 1837. Sie wurde als Mahlmühle genutzt; der Mühlstein ist heute noch zu bestaunen. Nach kurzer Zeit können wir uns entscheiden, ob wir weiter am Bach entlang wandern oder dem Weg nach rechts folgen, der zum **Jagdhaus Looganlage** führt. Der kleine Umweg erspart uns zahlreiche Wurzeln und eine kleine Tragepassage, denn es gilt, am Ende des Bachweges sechs Sandsteinstufen zu bewältigen. Falls wir uns für den kleinen Umweg entscheiden, laufen wir über den Parkplatz und stoßen automatisch wieder auf die Straße und die Markierung. Dieser folgen wir nach rechts und sehen auch das **Hinweisschild zum Forsthaus Benjental.** Am Forsthaus informiert uns ein Schild über die ehemalige Wappenschmiede, welche 1710 erbaut wurde und 1860 abgebrannt ist. Im Jahre 1874 wurde aus der abgebrannten Schmiede ein Gasthaus erbaut. Wir laufen **links am Forsthaus** vorbei, immer weiter am Bach entlang und folgen unserem **roten Dreieck.** Nun treffen wir auf die Platsche-Mühle und überqueren problemlos eine Brücke. Kurze Zeit später und nach 2,8 km stoßen wir auf ein Wasserschutzgebiet und können rechts von uns eine **Schutzhütte** erkennen, die sich zum Stillen und Wickeln anbietet. Wir laufen jedoch nach links, überqueren abermals eine **Brücke** und folgen weiter dem roten Dreieck. Nun kommen wir an das schmalste Teilstück des romantischen Benjentals. Wir treffen

auf die **Obere Mühle** aus dem Jahre 1710, die 1892 stillgelegt wurde. Nun öffnet sich das Tal wieder und wird im Folgenden von Wiesen und einem **See** geprägt. Der Bach ist unser ständiger Begleiter. Viele Sitzbänke entlang des Weges laden zum Verweilen ein. Nach fast 4,5 km wandern wir weiter geradeaus und **folgen nicht der Markierung** nach links. An dieser Stelle kann man umkehren oder weiter bis zur **Straße** laufen, dieser nach rechts folgen, bis man nach kurzer Zeit automatisch auf einen **Wanderparkplatz** (auch als Ausgangspunkt geeignet) trifft. Von dort aus kann man einen kleinen Abstecher ins Forsthaus Silbertal unternehmen. Der Rückweg verläuft wie der Hinweg.

Der Startpunkt der Tour ist der Parkplatz direkt am Sportplatz von Gimmeldingen. Wir erreichen diesen, indem wir von Neustadt aus kommend am Mußbacher Kreisel die dritte Ausfahrt nutzen und auf der K21 in Richtung Gimmeldingen fahren. An der ersten Kreuzung in der Ortschaft biegen wir links in die Hainstraße (K15) Richtung Silbertal ab und stoßen direkt auf den Sportplatz.
GPS: 49.376312 8.149036 | 67435 Neustadt (Gimmeldingen), Talwiesenstraße 3

Gasthaus Benjental, Jagdhaus Looganlage, die Talmühle, das Lokal direkt am Sportplatz, Forsthaus Silbertal

Mandelblütenfest (ca. Mitte / Ende März, je nach Blütenstand)

30

Tourlänge 12,5 km **Dauer** 3 ½ Stunden **Steigung** 419 m **Gefälle** 401 m
Kinderwagentyp drei- oder vierrädrig

Rundwanderung zur Lambertskreuzhütte

Angenehme Wanderung zu einer Wegkreuzung aus der Römerzeit, dem Lambertskreuz

Die Wanderung beginnt mit einem langen und intensiven Anstieg auf einem gut ausgebauten Forstweg. Am Startpunkt **überqueren** wir die **Straße** und folgen dem **mittleren Weg,** der gleich leicht ansteigt. Nach ca. 100 Metern wählen wir den **linken Fahrweg** (nicht der blau-weißen Markierung folgen). Der Anstieg auf ca. 520 Meter dauert ca. 35 Minuten. Bis dahin laufen wir immer geradeaus, bis wir auf die **blau-rote Balkenmarkierung** treffen. Der anstrengende Teil ist nun geschafft und der Weg verläuft fast eben in Richtung Lambertskreuzhütte. Nachdem wir die **Anhöhe** erreicht haben, folgen wir dem **Fahrweg** für ca. 1 km immer geradeaus, bis wir **„Am Schnuck" links** in einen schmalen Wanderweg abbiegen. Dieser Weg verläuft ca. **300 m bergab** und stößt direkt auf einen gut ausgebauten Forstweg. Nun **folgen** wir einem **gelben Kreuz,** das uns in ca. 1,8 km direkt zur **Hütte** führt. Nach 5,1 km und eineinhalb Stunden haben wir unser Ziel erreicht und können den Stein erkennen, der dem Heiligen Lambertus geweiht ist.

Die Pfälzerwald-Hütte (467 m üNN) ist sehr stark frequentiert, denn sie stellt einen beliebten Treffpunkt für Wanderer, Fahrradfahrer und Pferdefreude dar. Die Gaststätte, die im Jahr 2011 erweitert wurde, bietet gut bürgerliche Küche mit familienfreundlichen Preisen und ist sehr kinderfreundlich. Als besondere Ausstattung bietet sie neben einem Wickeltisch (Schlüssel an der Theke erfragen) einen sehr schönen Spielplatz.

Nach einer gemütlichen Pause im Freien unter dem Blätterdach verläuft unser Rückweg auf einem gut ausgebauten **Fahrweg** mit der

gelben Balkenmarkierung immer bergab. An einer **Wegegabelung** folgen wir allerdings nicht mehr dem gelben Balken, sondern überlassen dem **weißen Balken mit schwarzem Punkt** die Führung. Dieser bringt uns in einen **Fahrweg,** der nach rechts und weiterhin bergab verläuft. Zahlreiche Sitzbänke entlang des Weges erfreuen müde Wandererbeine. Der Rückweg dauert ca. 1,5 Stunden, bis man direkt auf eine **Straße** stößt. Dieser folgen wir nach rechts und sehen nun den **Kurpfalz-Park.** Wir sehen den Haupteingang rechts oberhalb von uns, überqueren die **Straße** und folgen einem Fahrweg zum **Waldparkplatz.** Hier finden wir wieder unsere Markierung. Nun entscheiden wir uns für einen sehr **breiten Weg,** der parallel zur Straße führt. Die letzten 100 Meter geht es auf einem **schmalen Weg** steil bergab, bevor wir für ca. 150 Meter der Straße entlang nach links bergab laufen. An der Straßenkreuzung folgen wir wieder dem Wanderweg nach rechts und passieren kurze Zeit später den Parkplatz des **Forsthauses Silbertal.** Nun haben wir den letzten Anstieg parallel zur Straße vor uns. Nach ca. 400 Metern sind wir wieder am Startpunkt angelangt.

Der Startpunkt der Tour ist an dem Parkplatz „Alte Schanze" direkt an der K16 zwischen Lindenberg und Wachenheim. Nach ca. 3,5 km, von Lindenberg aus kommend, befindet sich der Parkplatz auf der rechten Seite der K16, bevor die Straße steil bergab verläuft.
GPS: 49.4015908.100099 | 67157 Wachenheim, Straße: K 16
Die Koordinaten sind vom Wanderparkplatz am Forsthaus Silbertal, als Alternative zum Parkplatz „Alte Schanze".

Lambertskreuzhütte, Gaststätte Rotsteig am Kurpfalzpark, Forsthaus Silbertal. Die Bürgerstube in Lambrecht (Blainviller Straße 1, 67466 Lambrecht) kann mit gut bürgerlicher Küche, Hochstuhl und angrenzendem Spielplatz sehr empfohlen werden.

31

Tourlänge 5,5 km **Dauer** 1 ½ Stunden **Steigung** 157 m **Gefälle** 167 m
Kinderwagentyp drei- oder vierrädrig

Von Königsbach zum Pfalzblick

Über die Klausenkapelle zur Pfalzblickhütte

Wir starten direkt am schön gelegenen und schattigen Wanderparkplatz in **Richtung Klausenkapelle.** Am Ende des Parkplatzes sehen wir eine **Übersichtstafel** und haben die Qual der Wahl, denn es werden etliche Rundwege dargestellt. Wir wählen zunächst den **Fahrweg.** Nach ca. 300 m biegen wir rechts und gleich wieder links ab in **Richtung Kapelle.** Dieser Wanderweg ist von zahlreichen Stationen gesäumt, die den Kreuzweg darstellen. Nach ca. 15 Minuten erschließt sich uns der Anblick der **Kapelle** und wir können den sehr schönen und idyllischen Ort mitten im Wald genießen. Wenn man Glück hat, kann man das Kirchlein besichtigen und die Fresken bewundern. Im Juli lockt der Wallfahrtsort viele Besucher an. Nach einer kurzen Ruhepause laufen wir **links** an der Kapelle vorbei, immer geradeaus der **Nr. 3 folgend.** Wir überqueren die Kreuzung direkt nach dem Kirchlein und wandern, der Nr. 3 folgend, auf einem **schmalen Pfad** weiter. Der leicht ansteigende Weg führt nun an einem **kleinen Bach** entlang und lädt uns ein, ihm nach 1,4 km scharf nach rechts zu folgen. Nach weiteren 300 m haben wir nun den höchsten Punkt der Tour erreicht und laufen auf einer **Anhöhe** angenehm geradeaus. Die Markierung Nr. 3 ist unser ständiger Begleiter. Der **weiche Waldpfad** schlängelt sich nun an einem herrlichen Buchenbestand vorbei und bringt uns zum **Gedenkstein** für Otto v. Bismarck vom 26.01.1894. Eine errichtete Sitzgruppe an dieser Stelle lädt zu einer kurzen Rast ein. Wir folgen der Markierung weiter. Nach ca. 2,5 km führt uns der **Pfad nach rechts** und verliert angenehm an Höhe. Nun folgt eine ca. 200 m lange **steinige Passage.** Die Markierung verläuft nun geradeaus über einen sehr steinigen und anspruchsvollen Weg. Mit einem Neugeborenen und einem nicht geländefähigen Kinderwagen sollte man allerdings dem gut

ausgebauten Fahrweg, der rechts bergab verläuft, folgen, denn dieser ist bedeutend angenehmer und bringt uns ebenfalls direkt zur **Pfalzblickhütte.** Nach ca. 3 km haben wir diese erreicht und können nun den herrlichen Blick in die Rheinebene genießen.
Der Rückweg verläuft für ca. 200 m auf demselben Fahrweg. **Am Denkmal** der Gebirgsjägertruppe von 1985 folgen wir der Nr. 3 und einem **schmalen Pfad nach links.** Nach einem kurzen Stück wechseln wir die Markierung und orientieren uns an einem **roten Balken.** An dieser Stelle ist der Weg ebenfalls mit einem Schild „Wanderweg Deutsche Weinstraße" ausgeschildert. Kurze Zeit später verlassen wir den Pfad sowie den Wald und laufen auf einem breiten **Wingertweg** direkt am Waldrand entlang nach Königsbach. Nun kann man **zum Parkplatz** zurück laufen oder dem regionalen Tipp (Variante) folgen.

Variante

Nach dem Ortschild wählen wir den ersten geteerten Fahrweg, der nach links abzweigt. Zur Orientierung befindet sich an der Kreuzung der Falkenhorst rechts von uns. Nach kurzer Zeit biegen wir an der ersten Kreuzung in den Weinbergen rechts ab. Hier befinden sich auch eine Sitzgruppe und ein steinernes Kreuz. Nun laufen wir direkt auf einen herrlich gelegenen Spielplatz zu. Sitzgruppen und Bänke laden uns immer wieder zum Picknicken ein. Über das Neubaugebiet Diepelsatz kommen wir zu unserem Ausganspunkt zurück, indem wir dieses durchqueren und am Ende der Straße rechts abbiegen.

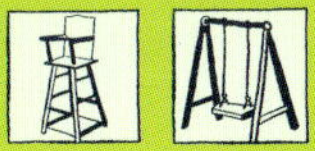

Der Startpunkt der Tour ist der gut ausgeschilderte Wanderparkplatz am Ende der Kapellenstraße in Neustadt/Weinstraße, Ortsteil Königsbach. GPS: 49.390451 8.160398 | 67435 Neustadt (Königsbach), Kapellenstraße 7

Pfalzblickhütte

sehr schöner öffentlicher Spielplatz unterhalb des Neubaugebietes

32 **Tourlänge** 9 km **Dauer** 2 ½ Stunden **Steigung** 179 m **Gefälle** 208 m
Kinderwagentyp drei- oder vierrädrig

Zum Ungeheuersee & zur Laura-Hütte

Wunderschöne Rundwanderung mit Blick in den Odenwald

Wir starten am Parkplatz Lindemannsruhe und folgen der **weiß-blauen Strichmarkierung** und dem Pfälzer Weinsteig in Richtung **Battenberg.** Auf ebenen Pfaden, die für alle Kinderwagen geeignet sind, laufen wir bis zum **Ungeheuersee.** Dabei ist nach ca. 1,6 km darauf zu achten, dass uns die weiß-blaue Strichmarkierung führt und wir nicht dem Wegweiser Ungeheuersee folgen. An dem **Punkt Pfälzer Waldhütte** und 421 m üNN biegen wir rechts zum Naturteich ab. Hier sagt uns der Wegweiser, dass wir noch 800 m zu bewältigen haben. Das idyllische Gewässer, welches heute unter Naturschutz steht und im Mittelalter als Viehtränke genutzt wurde, liegt auf einer Höhe von 359 m und begeistert durch seine interessante Flora. An der herrlich gelegenen Weisenheimer Hütte sind ausreichend Sitzmöglichkeiten vorhanden. Nun laufen wir an einem **„Insektenhotel“** vorbei, das eine Nisthilfe für Wildbienen und andere Insekten bietet und nehmen den **mittleren Fahrweg.** Dieser steigt für ein kurzes Stück stark an. Nach ca. 500 m erreichen wir eine Lichtung und folgen der **rot-weißen Strichmarkierung.** Auf dieser Anhöhe ist die Laura-Hütte gut ausgeschildert. Ein schmaler Pfad führt uns durch einen Kastanienwald und unzählige Heidelbeersträucher zu unserem zweiten Zwischenziel. Hier offenbart sich uns ein wunderschöner Blick in den Odenwald. Auf Sitzbänken und **der Liebesbank** vor der Schutzhütte lässt es sich gut verweilen. Nachdem wir das Panorama genossen haben, bringt uns die rot-weiße Strichmarkierung zu einer **Feriensaussiedlung.** Wir stoßen automatisch auf einen Forstweg, dem wir nach **rechts bergauf** folgen. Nach einigen Metern folgen wir nicht der Markierung nach links, sondern laufen weiter auf dem **geschotterten Fahrweg** geradeaus. Nach 300 m wählen wir den linken Fahrweg. An der nächsten Kreuzung folgen wir dem rechten Fahrweg und laufen weiter bergauf. Nach einiger Zeit passieren wir ein **altes Haus**

und wandern weiter geradeaus. Nach ca. 7 km können wir entweder dem **grünen Punkt** und der Nr. 12 **nach rechts** in einen schmalen Pfad folgen, oder den Fahrweg weiter geradeaus laufen. Dieser trifft automatisch auf die Straße, an welcher wir nach rechts abbiegen und direkt zum Ausgangspunkt zurückkommen.

Der schmale Pfad stellt eine Abkürzung dar, die 400 m lang, aber nur für geländefähige Kinderwagen geeignet ist. Dieser führt über zahlreiche Sandsteine und Wurzeln sehr schnell zum **Ausgangspunkt** zurück.

Variante

Wer eine gute Kondition hat, kann einen Abstecher zum Bismarckturm unternehmen. Als Alternative können wir, nachdem wir die Ferienhaussiedlung passiert haben, der rot-weißen Strichmarkierung zur Bad Dürkheimer Hütte folgen. Nach dem Durchqueren eines Tales führt eine kurze aber anstrengende Steigung auf die Straße, welche wir überqueren und in ca. 5 Minuten die nächste Einkehrmöglichkeit (nur an Wochenenden), die Bad Dürkheimer Hütte, erreichen. Von hier aus geht es auf felsigen, steinigen und schmalen Wegen mit der grün-weißen Strichmarkierung zum Bismarckturm (hier ist gute Kondition gefragt). Gegen eine geringe Gebühr kann dieser bestiegen werden. Der herrliche Rundblick über die Pfalz entlohnt für die Strapazen. Die Länge beträgt 14 km; die Wanderzeit liegt bei insgesamt 3 ½ Stunden.

Wir starten unsere Tour am Wanderparkplatz direkt am Forsthaus Lindemannsruhe. Diesen erreichen wir über Bad Dürkheim und fahren weiter in Richtung Leistadt. Am Kreisel kurz vor Leistadt nehmen wir die dritte Ausfahrt in Richtung Höhningen und Lindemansruhe. Nach ca. 4 km haben wir das Forsthaus erreicht.
GPS: 49.478621 8.120579 | 67098 Bad Dürkheim, Lindenmansruhe 1 (L518)

Forsthaus Lindemannsruhe, Weisenheimer Hütte am Ungeheuersee, Bad Dürkheimer Hütte, Bismarckturm

Bad Dürkheim mit Kurpark, Riesenfass und Saline, Bismarckturm (ab Forsthaus Lindemannsruhe ca. 15 Minuten Gehzeit, mit jedem Kinderwagen machbar)

33 | **Tourlänge** 5,5 km **Dauer** 1 ¼ Stunden **Steigung** 15 m **Gefälle** 32 m
Kinderwagentyp alle

Rundwanderung in und um Freinsheim

Eine historische Altstadt, umgeben von einem Meer aus Obsthainen und Weinreben

Wir starten die Tour am **Altstadtparkplatz** in Freinsheim. Vom Parkplatz aus folgen wir der Straße nach rechts und blicken direkt auf das erste historische Stadttor, **das Haintor.** Nach weiteren 200 m biegen wir an einer abknickenden Vorfahrtsstraße nach rechts in ein sehr schmales Gässchen ein. Hier können wir dem Hinweisschild zum **Spielzeugmuseum** folgen, das wir nach ca. 150 m auf der rechten Seite erblicken. In dem Museum lädt eine Eisdiele zur Rast ein; hier werden wir wohl noch einmal vorbeischauen. Wir setzen unsere Wanderung fort, gehen geradeaus am Museum vorbei und stoßen dann direkt auf eine **Mauer,** an der wir **links abbiegen** und dem Weg weiter folgen. Nun können wir links von uns die ehemalige Stadtmauer bestaunen. An der nächsten Wegegabelung laufen wir nach rechts und treffen unterwegs auf den **„Guten Brunnen“,** der im Jahre 1800 erbaut worden ist. Anschließend gehen wir, der **gepflasterten Straße** folgend, nach **rechts** weiter. Auf der linken Seite sehen wir nun ein **Seniorenheim** und die ersten Obstbäume. Wir stoßen direkt auf die **Hauptstraße,** folgen dieser für 50 m nach rechts und überqueren dann die Straße und münden in den geteerten Fahrradweg. An der ersten Kreuzung biegen wir nach links in den **Schotterweg** ein. Nun läuft man an zahlreichen Schrebergärten und an einer Tierranch mit dem Namen **„Josefs Ranch“** vorbei. Kurz darauf erkennen wir die ersten Obstbäume. An der Wegekreuzung, auf die wir kurz darauf stoßen, biegen wir zuerst links und dann gleich wieder rechts ab. Nach 2,3 km folgen wir dem Weg links entlang der **Bahnlinie.** Nun laufen wir an zahlreichen Pferdekoppeln und Wiesen vorbei. Nach dem **Tunnel** überqueren wir eine **kleine Brücke** und folgen dem gut ausgebauten Fahrweg nach rechts. Nun können wir die Ortschaft Weisenheim am Sand sehen und folgen dem Weg, der in eine **Betonstraße** mündet. Kurz nachdem wir den Hundeplatz von Weisenheim am Sand passiert haben, biegen wir nach links in Richtung Freinsheim ab.

Dieser Abschnitt ist während der Apfelblüte ein Traum, da wir für ca. 1,5 km durch die blühenden und duftenden Obsthaine wandern. Rechts von uns sehen wir die Weinberge, den Pfälzerwald und den Bismarckturm. Bei gutem Wetter ist auch das Weinbiet zu erkennen. Nachdem wir die Obsthaine verlassen haben, laufen wir durch das **Industriegebiet,** gehen geradeaus über den **Kreisel** und kommen an einer **Raiffeisenfiliale** vorbei. An der Straße angekommen, folgen wir der **Beschilderung** nach rechts und haben noch 600 m bis ins **Zentrum.** An einem Supermarkt biegen wir der Beschilderung folgend nach links ab und können schon das **historische Stadttor** erkennen. Bevor wir in die Herrenstraße gelangen, passieren wir die Eisentore aus den Jahren 1514 und 1471. Wir gehen geradeaus zum **Rathaus** und zur Kirche, wo wir auf zahlreichen Sitzgelegenheiten die Möglichkeit haben, den schönen **Ortskern** zu genießen. Wir folgen der Straße am Rathaus nach rechts und biegen an der ersten Möglichkeit links ab. Die **Beschilderung** weist uns hier schon den Weg zum **Parkplatz.** Nach kurzer Zeit erreichen wir die abknickende Vorfahrtstraße, welche uns nun nach rechts zu unserem Ausgangspunkt führt.

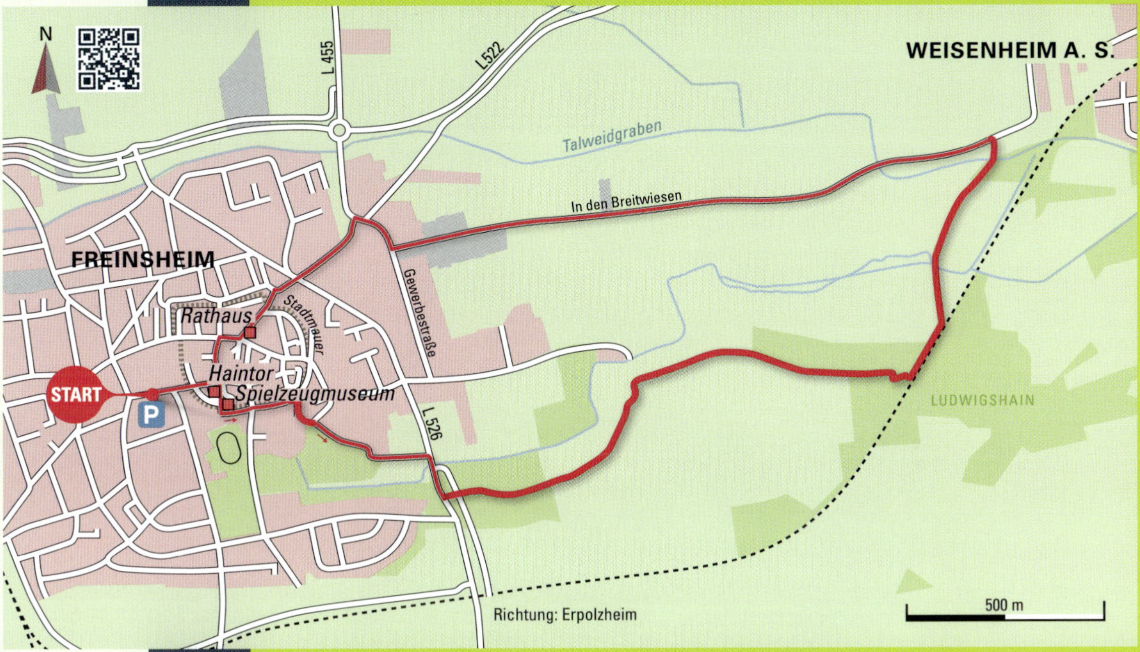

Von Bad Dürkheim aus kommend fahren wir über Ungstein auf die L455 nach Freinsheim. In Freinsheim passieren wir die Eisenbahnunterführung und folgen dem Schild „Parkplatz Historische Altstadt“. Über die A6 kommend, Ausfahrt Freinsheim/Grünstadt.
GPS: 49.50567 8.21082 | 67251 Freinsheim, Haintorstraße 17

In Freinsheim befinden sich zahlreiche Einkehrmöglichkeiten.

Spielzeugmuseum, Teilrundgang entlang der historischen Stadtmauer (Vorsicht, denn an manchen Stellen ist es für den Kinderwagen zu eng)

34

Tourlänge 4,3 km **Dauer** 1 ½ Stunden **Steigung** 52 m **Gefälle** 58 m **Kinderwagentyp** alle

Rundwanderung zum Saupferch

Auf Siegfrieds Spuren unterhalb der Drachenkammer und der Drachenhöhle

Wir beginnen die Tour am Wanderparkplatz und wandern auf einem Fahrweg, der uns zu Beginn die Markierung **blau-roter Balken** und ein Hinweisschild zur Waldgaststätte Saupferch zeigt. Ein markanter Hinweis an dieser Stelle sind die **Schilder der Gasleitung** und ein Hinweisschild auf den **Rettungspunkt 6514-644.** Nach ca. 300 m folgen wir dem **linken Fahrweg** und unserer blau-roten Markierung. Links von uns werden wir vom Plätschern des Stütertalbaches begleitet. Durch diesen und den herrlichen Buchenbestand herrscht hier auch im Hochsommer ein angenehmes Klima. Nach 1,8 km mündet der Waldweg in die **Straße,** die uns im Nu zur Waldgaststätte führt. Wir lassen ehemali-

ge **Fischweiher** und einen weiteren **Wanderparkplatz** hinter uns, bevor wir das Lokal und die umliegenden Wiesen entdecken können. Mit dem Kinderwagen empfehlen wir, nicht die Straße sondern den **Schotterweg** zu nehmen. So können wir uns die Treppen sparen und kommen eben an der Terrasse und am Spielplatz an. Nach 2,4 km und ca. 40 Minuten haben wir die herrliche und sehr ruhig gelegene Waldgaststätte erreicht.

Der Rückweg verläuft analog zum Hinweg, was im Sommer sehr empfehlenswert ist. Die zweite Möglichkeit führt uns an der sonnigen Straße entlang, die sehr wenig befahren ist. Hier kommt man nach zwei Kilometern an der Bundestraße 37 an und biegt nach links in Richtung unseres Ausgangspunktes ab.

Von Bad Dürkheim aus kommend fahren wir die gut ausgeschilderte B 37 ca. 9 km in Richtung Kaiserslautern. Vor dem Isenachweiher lässt ein Hinweisschild den Wanderparklatz auf der linken Seite erkennen. Die erste Einfahrt ist die Straße zur Waldgaststätte Saupferch, die zweite führt zu unserem Ausgangspunkt, dem Wanderparkplatz (Jägerthal 15). GPS: 49.429763 8.188357

Die Waldgaststätte Saupferch mitten im Pfälzer Wald lockt mit sehr guter Küche. Hier finden wir einen voll ausgestatteten Wickeltisch vor.

Falls man mit einer Rückentrage unterwegs ist, lohnt es sich, die Drachenhöhle und den Drachenfels zu besuchen.

Falls man nur die Straße nutzt, ist diese Tour auch für Rollstühle geeignet.

Pfälzer Hüttenbuch

Der Wegweiser zu 99 Rasthäusern und Wanderheimen

Plätze zum Verschnaufen, Rasten und Genießen – in der Pfalz und im Pfälzerwald gibt es etwas Einzigartiges: Das dichteste Netz an Wanderhütten in einem deutschen Mittelgebirge. 99 dieser Anlaufstellen stellt das „Pfälzer Hüttenbuch" mit Öffnungszeiten und vielen Servicehinweisen jeweils auf einer ganzen Seite vor. Das Buch der LEO-Freizeitexperten ist in Zusammenarbeit mit dem Pfälzerwald-Verein und den Naturfreunden entstanden. Informative Beiträge zur speziellen Hüttenkultur in der Pfalz, zu den Aktivitäten in den Vereinen sowie zur Historie von Pfälzerwald-Verein und Naturfreunden machen das Buch zu einem Wegweiser mit Nutzwert und Lesebuch in einem.

Anne Kathrin Doerr
Pfälzer Hüttenbuch
Der Wegweiser zu 99 Rasthäusern und Wanderheimen

ISBN 978-3-87629-341-7 | Preis: 12,80 Euro

Pfälzische Verlagsanstalt GmbH

KRANKENHAUS HETZELSTIFT
NEUSTADT/WEINSTRASSE

Akademisches Lehrkrankenhaus der Johannes Gutenberg-Universität Mainz

MARIEN
HAUS

Die Elternschule

Die Elternschule am Krankenhaus Hetzelstift bietet zahlreiche Kurse rund um Schwangerschaft, Geburt, Wochenbett und die Zeit danach – für Mutter, Eltern, Kind und Geschwister.

Die Kurse finden unter praxisorientierter und erfahrener Leitung statt, so dass schon vor der Geburt ein Vertrauensverhältnis zu den Betreuerinnen aufgebaut wird – Mutter und Kind sollen sich von Anfang an bei uns wohl und sicher fühlen.

Besuchen Sie auch unseren Info-Abend für werdende Eltern, immer am 1. Dienstag eines Monats oder nutzen Sie unsere **24-h-Hotline** unter **(06321) 859-3670**. Unser Team aus Frauenärzten, Kinderärzten, Narkoseärzten, Hebammen, Stillberaterinnen und Krankenschwestern berät Sie jederzeit gerne.

Übrigens: Bei vielen Kursen können Kosten von der Krankenkasse übernommen werden. Weitere Informationen finden Sie auch auf unserer Homepage unter:

www.hetztelstift.de.

Geburtsklinik zertifiziert von
BABY FREUNDLICH
Eine Initiative von WHO und UNICEF
www.babyfreundlich.org

Tourist-Information Neustadt an der Weinstraße
Telefon 06321 926892
www.neustadt.pfalz.com

Tourist-Information Verbandsgemeinde Lambrecht
Telefon 06325 181-110
www.vg-lambrecht.de

Tourist-Information Elmstein
Telefon 06328 234
www.elmstein.de

KONTAKTADRESSEN

Kuckucksbähnel in Neustadt
Telefon 06321 30390
www.eisenbahnmuseum-neustadt.de

Tourismusbüro Bad Dürkheim
Telefon 06322 935140
www.bad-duerkheim.de

Tourismusbüro Landau
Telefon 06341 138300
www.landau-tourismus.de

Tourist-Information Annweiler
www.trifelsland.de

Tourismusbüro Südwestpfalz
www.suedwestpfalz-touristik.de

Hüttenöffnungszeiten in Rheinland-Pfalz
www.wanderportal-pfalz.de

Tourismusbüro Hornbach
www.klosterstadt-hornbach.de

Tourismusinformation Kuseler Musikantenland
www.pfaelzerbergland.de

IMPRESSUM

1. AUFLAGE 2016
ISBN 978-3-87629-347-9

HERAUSGEBER
Pfälzische Verlagsanstalt
Ludwigshafen GmbH
Amtsstraße 5 - 11
67059 Ludwigshafen
Telefon 0621 5902805
www.pva-buchverlag.de

AUTOREN
Christina Fuchs-Risch
Philipp Fuchs

LEKTORAT
Christina Fuchs-Risch

GESTALTUNG UND LAYOUT
Kaisers Ideenreich
Im Altenschemel 30
67435 Neustadt an der Weinstraße
www.kaisers-ideenreich.de

ILLUSTRATIONEN
Harald Mauder, 67487 St. Martin

DRUCK
Westermann Druck Zwickau GmbH
Crimmitschauer Straße 43
08058 Zwickau

KARTEN IM INHALT
text und design
Gneisenaustraße 30
44147 Dortmund
0231 5348204

KARTE IM UMSCHLAG
© artalis – Fotolia.com
Kaisers Ideenreich

TITELBILD
Dr. Oliver Schwenn
www.polarlyset.de

FOTOS
Fibiker Fotografie
Richard-Wagner-Straße 47
67433 Neustadt an der Weinstraße
Telefon 06321 354314
Seite 16, 19, 146, 148, 150, 163

Fotolia.com
Seite 6-7: © Fotolyse
Seite 8-9: © Willi Wilhelm
Seite 10-11: © Hans-Peter Moehlig
Seite 96: © Inga Nielsen
Seite 106: © blende40
Seite 179: © RRF

Sophia Marie Fuchs
Seite 112

Kloster Hornbach Lösch GmbH
Seite 36

Reiner Koch
Seite 134-135

Vera Mok
Seite 37, 130, 132

Andreas Risch
Seite 17, 18, 115, 116, 117, 126, 159

Marina Risch
Seite 143

Dr. Monika Römer
Seite 5

Dr. Oliver Schwenn
13, 26-27, 93, 117, 124, 142, 147, 152

Ingrid Weber
Seite 20-21, 22-23, 32, 89, 108, 110, 114, 120-121, 122, 136, 138, 158, 166, 168

Christina Fuchs-Risch & Philipp Fuchs
alle restlichen Fotos

KONTAKT
Mit-dem-Kinderwagen-durch-die-Pfalz@web.de